EDITORA DO CONHECIMENTO

Auxiliando a humanidade a encontrar a Verdade

O EVANGELHO DO DIA

O Evangelho do Dia

Volume 2

Allan Kardec

CONHECIMENTO EDITORIAL LTDA.
Fone: 19 3451-5440
www.edconhecimento.com.br
vendas@edconhecimento.com.br

Tradução: Julieta Leite
Edição de texto: Margareth Rose Fonseca Carvalho
Organização e formatação: Dalmo Duque dos Santos
Ilustração da Capa: Banco de imagens
Projeto Gráfico: Sérgio Carvalho

ISBN 85-7618-203-0 — 1ª Edição - 2010
• Impresso no Brasil • *Presita en Brazilo*

Produzido no departamento editorial da
CONHECIMENTO EDITORIAL LTDA
Impresso na

a gráfica digital da **EDITORA DO CONHECIMENTO**

Dados Internacionais de Catalogação na Publicação (CIP)
(Câmara Brasileira do Livro, SP, Brasil)

Kardec, Allan, 1804 - 1869.
O Evangelho do Dia, volume 2 / Allan Kardec ; organização e formatação Dalmo Duque dos Santos ; [tradução Julieta Leite]. - 1. ed. - - Limeira, SP : Editora do Conhecimento, 2010.

ISBN 978-85-7618-203-0

1. Espiritismo 2. Evangelho I. Santos, Dalmo Duque dos. II. Título

10-06505 CDD – 133.9

Índices para catálogo sistemático:
1. : Espiritismo : 133.9
2. Evangelhos : Exegese espírita 133.9

Allan Kardec

O EVANGELHO DO DIA

Volume 2

Organização e formatação:
Dalmo Duque dos Santos

1ª edição
2010

EDITORA DO CONHECIMENTO

Sumário

Apresentação

Caro leitor,

Este guia foi idealizado para facilitar a leitura, a reflexão e a reforma moral com base nos temas de *O Evangelho Segundo o Espiritismo*, ilustrados por questões de *O Livro dos Espíritos* e, eventualmente, de *O Livro dos Médiuns*.

Os conceitos do item **Vida Plena**, que é o Evangelho na prática, foram extraídos de diversas obras e experiências que procuram diferenciar o **pensar**, o **sentir** e o **agir** na transformação do comportamento humano. Essa dinâmica reflexiva é muito rica, tanto na aplicação individual como em grupo. Quando praticada, é necessário obedecer as etapas progressivas de auto-conhecimento:

O que **penso** a respeito deste assunto?
Que **sentimento** tenho sobre o tema proposto?
Estou **disposto a mudar** minha forma de pensar, sentir e agir?
Por onde posso **começar** essa mudança?

Fé inabalável é somente aquela que pode encarar a razão de frente, em todas as eras da humanidade.

***

Os espíritos do Senhor, que são as virtudes dos Céus, tal qual um imenso exército que se põe em movimento ao receber um comando superior, posicionam-se por toda a superfície da Terra, e, como estrelas cadentes, vêm iluminar o caminho e abrir os olhos dos cegos.

Em verdade vos digo, são chegados os tempos em que todas as coisas devem ser restabelecidas em seu verdadeiro sentido, a fim de dissipar as trevas da ignorância, confundir os orgulhosos e glorificar os justos.

As grandes vozes do Céu ecoam como o som da trombeta, e os coros dos anjos a elas se juntam. Homens, nós vos convidamos a participar deste divino concerto! Que vossas mãos tomem a lira; que vossas vozes se unam, e, num hino sagrado, se façam ouvir e vibrar de um extremo ao outro do Universo!

Homens, irmãos a quem amamos, estamos junto de vós! Amai-vos também uns aos outros, e, fazendo a vontade do Pai, que está no Céu, clamai do fundo do vosso coração: "Senhor! Senhor!". Então, podereis entrar no reino dos Céus.

O Espírito de Verdade

Domingo

Capítulo 1
NÃO VIM REVOGAR A LEI

Cristo

3. Jesus não veio revogar a Lei, ou melhor, a Lei de Deus. Ao contrário, veio cumpri-la e dar-lhe o seu verdadeiro sentido, ajustando-a ao grau de adiantamento dos homens. Eis por que encontramos nessa Lei o princípio dos deveres para com Deus e para com o próximo; princípio este que constitui a base de Sua doutrina. Quanto às leis de Moisés, estas sim Jesus modificou profundamente, tanto na essência como na forma, combatendo sem cessar o excesso de práticas exteriores e as falsas interpretações. E não lhes podia ter promovido uma reforma mais radical do que a que se resume nestas palavras: "Amar a Deus sobre todas as coisas e ao teu próximo como a ti mesmo", concluindo-a, ao dizer: "Eis aí toda a Lei e os profetas".

Com estas palavras: "O Céu e a Terra não passarão sem que tudo seja cumprido, até um único jota", Jesus quis dizer que era preciso que a Lei de Deus fosse consumada, ou melhor, que fosse praticada sobre toda a Terra, em toda a sua pureza, com todos os seus desdobramentos e todas as suas consequências, pois de que adiantaria ter estabelecido essa Lei se ela privilegiasse apenas alguns homens, ou mesmo um único povo? Sendo filhos de Deus, todos os homens, sem distinção, são objeto da mesma atenção.

4. Mas o papel de Jesus não foi simplesmente o de um legislador moralista, sem outra autoridade além de Sua palavra. Ele veio cumprir as profecias que anunciaram a Sua vinda. Sua autoridade provinha da natureza excepcional de Seu espírito e de Sua missão divina. Ele veio ensinar aos homens que a verdadeira vida não está na Terra, mas no reino dos Céus. Veio ensinar aos homens o caminho que os conduzirá até lá, os meios de se reconciliarem com Deus, e preveni-los sobre a marcha dos acontecimentos que irão ocorrer para o cumprimento dos destinos humanos.

Entretanto, Jesus não disse tudo. E, com relação a muitos pontos, limitou-Se a lançar as sementes das verdades que, segundo Ele, ainda não podiam ser compreendidas naquela época. Falou de tudo, mas utilizou termos ora mais ora menos explícitos. Assim, para captar o sentido oculto de determinadas palavras, seria preciso que novas idéias e novos conhecimentos viessem dar-lhes a "chave elucidativa". E essas idéias só poderiam surgir depois que o espírito humano adquirisse um certo grau de maturidade. A ciência deveria contribuir decisivamente para a eclosão e o desenvolvimento dessas idéias. Seria preciso, pois, dar à ciência tempo para progredir.

O LIVRO DOS ESPÍRITOS

616. Em certa época, Deus poderia ter determinado aos homens o que lhes proibiria em outra?

– Deus não pode enganar-Se. Os homens é que são obrigados a mudar suas leis, por serem elas imperfeitas. As leis de Deus, porém, são perfeitas. A harmonia que rege o universo material e o universo moral se funda sobre as leis que Deus estabeleceu desde toda a eternidade.

618. As leis divinas são as mesmas para todos os mundos?

– A razão diz que elas devem ser adequadas à natureza de cada mundo e adaptadas ao grau de desenvolvimento dos seres que os habitam.

VIDA PLENA

Como tenho encarado minha relação com as leis divinas? Tenho sido coerente comigo e com meu semelhantes?".

PRECE

Meu Deus, e vós, meu anjo guardião, eu vos agradeço pelo socorro que me enviastes no perigo que me ameaçou. Que esse perigo seja para mim uma advertência, e que me esclareça sobre as faltas que a ele me atraíram! Compreendo, Senhor, que minha vida está em vossas mãos, e que podeis me retirá-la quando vos aprouver. Inspirai-me, pelos bons espíritos que me assistem, o pensamento de empregar utilmente o tempo que me concedeis ainda neste mundo.

Segunda-feira

Capítulo 2
MEU REINO NÃO É DESTE MUNDO

O reinado de Jesus

4. O reino de Jesus não é deste mundo. Isso todos compreendem. Mas será que Jesus também não possui um reino aqui na Terra? O título de rei nem sempre pressupõe o exercício de um poder provisório. Ele também é atribuído, por consenso, a alguém que se destaca por sua genialidade, numa atividade qualquer, tornando-se um expoente em sua época e influindo no progresso da humanidade. É nesse sentido que se diz: "O rei ou príncipe dos filósofos, dos artistas, dos poetas, dos escritores etc". Esse reinado, proveniente de um mérito pessoal consagrado pela posteridade, não tem muitas vezes um valor bem maior do que aquele que ostenta uma coroa? Ele é imperecível, perpetua-se no tempo, enquanto o outro é transitório e se submete ao joguete de certas circunstâncias. Um é sempre abençoado pelas gerações futuras, enquanto o outro é muitas vezes amaldiçoado pelos seus próprios súditos.

O reinado terreno se finda com a vida, ao passo que a realeza moral continua a imperar, mesmo após a morte. Sob esse aspecto, Jesus não é um rei mais poderoso do que muitos soberanos? Foi, pois, com razão que Ele disse a Pilatos: "Eu sou rei, mas meu reino não é deste mundo".

O ponto de vista

5. A idéia nítida e precisa que se tem da vida futura proporciona uma fé inabalável no futuro. Essa fé tem enormes consequências na moralização dos homens, pois muda completamente *o ponto de vista sob o qual eles encaram a vida terrena.* Para aquele que se projeta pelo pensamento na vida espiritual, que é eterna, a vida terrena não é mais do que uma passagem, uma rápida visita a um lugar ingrato. As adversidades e as tribulações da vida não passam de incidentes que suporta com paciência, porque sabe que serão breves e que depois virá um estágio bem mais feliz. A morte, então, perde o seu aspecto assustador, pois já não é mais a porta para o nada, e sim a da libertação, que abre ao exilado a entrada de uma morada de paz e felicidade. Sabendo que está numa situação temporária e não definitiva, ele encara as preocupações com muito mais paciência, o que lhe dá uma tranquilidade de espírito que suaviza o amargor da vida.

Por duvidar da vida futura, é que o homem dirige toda a sua atenção para a vida terrena. Incerto quanto ao porvir, entrega tudo ao presente, não enxergando alguns bens muito mais preciosos que os oriundos da Terra. Parece uma criança que nada vê além dos seus brinquedos, tudo fazendo para obtê-los. A perda do menor de seus pertences traz-lhe enorme dor. Um descontentamento, uma esperança frustrada, uma ambição não satisfeita, uma injustiça da qual se julgue vítima, ou o orgulho ferido, estão entre os tormentos que fazem de sua vida uma eterna angústia, *passando a entregar-se voluntariamente a uma tortura sem fim.* Vendo tudo somente sob o ponto de vista da vida terrena, no centro da qual se situa, tudo ao seu redor assume amplas proporções. Desse modo, o mal que o atinge, assim como o bem que toca aos outros, adquirem aos seus olhos uma grande importância, tal como ocorre a alguém vindo do interior para uma grande cidade: tudo lhe parece enorme, tanto as edificações e os monumentos, como as pessoas eminentes. Mas, se colocar-se no alto de uma montanha, coisas e pessoas vão lhe parecer bem menores.

Já para quem encara a vida terrena do ponto de vista da vida futura, o que acontece é o contário: a humanidade se perde na imensidão, como as estrelas do firmamento. Diante disso, percebe que grandes e pequenos se confundem como formigas sobre um montinho de terra; que pobres e ricos têm o mesmo tamanho, e então lastima essas criaturas efêmeras que tanto esforço fazem para conquistar uma posição que as eleva tão pouco, e por tão curto tempo. Assim é que a importância atribuída aos bens terrenos está sempre na razão inversa da fé na vida futura.

O LIVRO DOS ESPÍRITOS

1016. Em que sentido se deve entender a palavra céu?

– Supões que, como os Campos Elísios dos antigos, seja um lugar onde todos os bons espíritos estão confusamente aglomerados, sem outra preocupação a não ser saborear, durante a eternidade, uma felicidade passiva? Não; é o espaço universal; são os planetas, as estrelas e todos os mundos superiores onde os espíritos gozam de todas as suas faculdades, sem ter as tribulações da vida material, nem as angústias inerentes à inferioridade.

1017. Alguns espíritos disseram habitar o quarto, o quinto céu, etc. Que queriam dizer com isso?

– Vós lhes perguntais que céu habitam, porque tendes a idéia de vários céus dispostos como andares de um prédio. Então, eles vos respondem de acordo com vossa linguagem. Para eles, porém, os termos quarto, quinto céu exprimem diferentes graus de depuração e, consequentemente, de felicidade. É exatamente como quando se pergunta a um espírito se ele está no inferno. Se estiver infeliz, dirá que sim, porque para ele inferno é sinônimo de sofrimento, embora saiba muito bem que não se trata de uma fornalha. Um pagão diria estar no Tártaro.

VIDA PLENA

"Sei distinguir o que é transitório do que é eterno em minhas experiências? Já posso conquistar a eternidade?".

PRECE

Meu anjo guardião, sustentai-me na resolução que tomo de reparar os meus erros e de fazer todo o bem que estiver ao meu alcance, a fim de chegar menos carregado de imperfeições no mundo dos espíritos, quando aprouver a Deus me chamar.

Terça-feira

Capítulo 3
HÁ MUITAS MORADAS NA CASA DE MEU PAI

Diferentes categorias de mundos habitados

3. Do ensinamento transmitido pelos espíritos, concluímos que os diversos mundos estão em condições bem diferentes uns dos outros quanto ao grau de adiantamento ou de inferioridade de seus habitantes. Há, entre eles, os que ainda são física e moralmente inferiores aos habitantes da Terra. Outros estão no mesmo nível, e outros ainda lhes são relativamente superiores em todos os sentidos. Nos mundos inferiores, a existência é totalmente material, as paixões reinam soberanas, a vida moral é quase inexistente. À medida que esta se desenvolve, diminui a influência da matéria, de tal modo que nos mundos mais avançados a vida é, por assim dizer, toda espiritual.

4. Nos mundos intermediários, o bem e o mal se misturam. Há predominância de um ou de outro, conforme o grau de adiantamento. Embora não seja possível fazer uma classificação definitiva dos diversos mundos, podemos dividi-los, segundo seu estado, sua destinação e suas características mais marcantes, em *mundos primitivos*, destinados às primeiras encarnações da alma humana, *mundos de expiação e de provas*, onde o mal prevalece, *mundos regeneradores*, onde as almas que ainda têm o que expiar adquirem novas forças, repousando das fadigas da luta, *mundos felizes*, onde o bem supera o mal, e *mundos celestes ou divinos*, que são a morada dos espíritos depurados, onde o bem reina absoluto. A Terra

pertence à categoria dos mundos de expiação e provas. Eis por que o homem está exposto a tantas misérias.

5. Os espíritos encarnados em um mundo não estão presos indefinidamente a ele, nem cumprem nele todas as fases progressivas que devem percorrer para atingir a perfeição. Quando atingem o grau necessário de adiantamento naquele mundo, passam para outro mais avançado, e assim sucessivamente, até chegarem ao estado de espíritos puros. Os mundos são como estações, em cada um encontra elementos de progresso adequados ao seu adiantamento. Portanto, passar para um mundo de graduação mais elevada representa para eles uma recompensa, como é um castigo prolongar sua permanencia em um mundo infeliz, ou serem relegados a um mundo ainda mais infeliz, quando são obstinados no mal.

O LIVRO DOS ESPÍRITOS

56. A constituição física dos diferentes globos é a mesma?

– *Não; em nada se assemelham.*

57. Como a constituição física dos mundos não é a mesma para todos, pode-se deduzir que os seres que os habitam têm uma organização diferente?

– *Sem dúvida, como entre vós os peixes são feitos para viver na água e os pássaros no ar.*

VIDA PLENA

"Tenho agido com desprendimento, sem visar a retribuições do mundo? Consigo viver com sabedoria?".

PRECE

(No momento de dormir) Minha alma vai se encontrar por um instante com outros espíritos. Que aqueles que são bons venham me ajudar com seus conselhos! Meu anjo guardião, fazei com que, ao despertar, eu conserve deles uma impressão durável e salutar.

Quarta-feira

Capítulo 4
NINGUÉM PODE VER O REINO DE DEUS SE NÃO NASCER DE NOVO

2. Ouvindo falar de tudo o que Jesus fazia, Herodes, o Tetrarca, ficou apreensivo, pois alguns diziam que João tinha ressuscitado dos mortos; outros, que Elias tinha aparecido, e outros, que um dos antigos profetas havia ressuscitado. Então, Herodes disse: "Mandei cortar a cabeça de João. Mas quem é esse de quem ouço dizer tantas façanhas?". Ele ansiava por conhecê-Lo. (Marcos, 6:14 e 15; Lucas, 9:7-9).

3. (Após a transfiguração). E os discípulos Lhe perguntaram: "Por que então os escribas dizem que Elias deve voltar primeiro?". Jesus lhes respondeu: "É verdade que Elias há de vir e restabelecer todas as coisas. Mas vos declaro que Elias já veio, e eles não o reconheceram; trataram-no como quiseram. Assim também eles farão com o Filho do Homem". Então, Seus discípulos compreenderam que Ele se referia a João Batista. (Mateus, 17:10-13; Marcos, 9:10-12).

Ressurreição e reencarnação

5. Ora, entre os fariseus havia um homem chamado Nicodemos, senador dos judeus, que veio, à noite, encontrar Jesus e lhe disse: "Mestre, sabemos que vieste da parte de Deus para nos instruir como um doutor, pois ninguém pode fazer os milagres que tu fazes, se Deus não estiver contigo". Jesus então lhe respondeu: "Em verdade, em verdade, te digo que ninguém pode ver o reino de Deus se não nascer de novo". "Mas como pode nascer um homem

que já está velho? Pode ele entrar no seio de sua mãe, para nascer uma segunda vez?", quiz saber Nicodemos. E Jesus lhe explicou: "Em verdade, em verdade, te digo que, se um homem não renascer da água e do espírito, não pode entrar no reino de Deus. O que nasceu da carne é carne, e o que nasceu do espírito é espírito. Não te admires por eu te haver dito que é preciso nascer de novo. O espírito sopra onde quer; ouves a sua voz, mas não sabes de onde vem nem para onde vai. Assim é com todo homem que nasceu do espírito". Nicodemos lhe perguntou: "Como isso pode acontecer?". E Jesus lhe respondeu: "És mestre em Israel e ignoras essas coisas?! Em verdade, em verdade, te digo que nós só falamos do que sabemos e só damos testemunho do que vimos. E, no entanto, não aceitas nosso testemunho. Mas, se não acreditas quando te falo das coisas da Terra, como acreditarias se eu te falasse das coisas do Céu?". (João, 3:1-12).

6. A idéia de que João Batista era Elias, e de que os profetas podiam reecarnar na Terra, é encontrada em muitas passagens dos evangelhos, principalmente nas relatadas no início deste capítulo (Veja capítulo 4 de *O Evangelho Segundo o Espiritismo*). Se essa crença fosse um erro, Jesus não teria deixado de combatê-la, como combateu tantas outras. Ao contrário, Ele a sanciona com toda a autoridade e a utiliza como princípio e como condição necessária, quando diz: "Ninguém pode ver o reino de Deus se não nascer de novo". E insiste, ao acrescentar: "Não te admires por eu te haver dito que é preciso nascer de novo".

7. Estas palavras: "Se um homem não renascer da água e do espírito" foram interpretadas com o sentido de *regeneração pela água do batismo.* O texto primitivo dizia simplesmente: "...não renascer da água e do espírito". Mas, em algumas traduções, "do espírito" foi substituído por "do Espírito Santo", o que não corresponde ao mesmo pensamento. Esse ponto fundamental tem origem nos primeiros comentários feitos sobre o *Evangelho*, o que um dia será constatado sem nenhum equívoco.[1]

1 Entre as traduções para o francês, a de Osterwald é idêntica ao texto primitivo. Ela diz: "...não renascer da água e do espírito". A tradução de Sacy diz: "...do Espírito Santo". A de Lamennais diz: "...do Espírito Santo".

8. Para compreender o verdadeiro sentido dessas palavras, é preciso reportar-se ao significado da palavra *água*, que não foi empregada em sua acepção textual.

Os conhecimentos dos antigos sobre as ciências físicas eram muito imperfeitos. Eles acreditavam que a Terra tinha saído das águas, por isso viam a água como o elemento gerador absoluto. No livro *A Gênese*, está escrito assim: "O Espírito de Deus era levado sobre as águas"; "...flutuava na superfície das águas"; "...que haja um firmamento entre as águas"; "...que as águas que estão debaixo dos Céus se reúnam num único lugar, e que o elemento seco apareça"; "...que as águas *produzam* animais vivos que nadem na água, e aves que voem sobre a Terra e sob o firmamento".

Conforme essa crença, a água se tornara o símbolo da natureza material, como o espírito o era da natureza inteligente. As palavras: "Se o homem não renascer da água e do espírito, ou em água e em espírito..." significam portanto: "Se o homem não renascer com seu corpo e sua alma...". É nesse sentido que foram entendidas naquela época.

Essa interpretação é, aliás, confirmada pelas palavras: "O que nasceu da carne é carne, e o que nasceu do espírito é espírito", nas quais Jesus faz uma distinção incontestável entre o espírito e o corpo. E, portanto, a expressão: "O que nasceu da carne é carne"... indica claramente que *só* o corpo se origina do corpo, e que o espírito é independente do corpo.

9. A citação: "O espírito sopra onde quer. Ouves a sua voz, mas não sabes de onde vem nem para onde vai..." pode ser interpretada como o *Espírito de Deus*, que dá a vida a quem quer, ou como a *alma do homem*. Nesta última acepção: "...não sabes de onde vem nem para onde vai", significa que não se sabe o que foi nem o que será o espírito. Se o espírito, ou alma, tivesse sido criado ao mesmo tempo que o corpo, saberíamos de onde ele vem, pois conheceríamos seu começo. Seja como for, essa passagem é a consagração do princípio da preexistência da alma e, consequentemente, da pluralidade das existências.

> 10. Ora, desde o tempo de João Batista até os dias de hoje, o reino dos Céus é tomado pela violência, e são os violentos quem se apoderam dele, pois, até João, todos

os profetas, assim como a lei, profetizaram. E se quereis compreender o que vos digo, *ele mesmo é o Elias que há de vir.* Quem tiver ouvidos para ouvir, que ouça! (MATEUS, 11:12-15).

O LIVRO DOS ESPÍRITOS

1011. Quer dizer que, com o dogma da ressurreição da carne, a própria Igreja ensina a doutrina da reencarnação?

– É evidente. Essa doutrina, aliás, é consequência de muitas coisas que passaram despercebidas e que não tardarão a ser compreendidas nesse sentido. Em breve se reconhecerá que a cada passo o espiritismo se destaca no próprio texto das Escrituras Sagradas. Portanto, os espíritos não vêm subverter a religião, como afirmam alguns. Ao contrário, vêm confirmá-la, sancioná-la com provas irrefutáveis. Mas são chegados os tempos de não mais empregar a linguagem figurada. Por isso eles se expressam sem alegorias e dão às coisas um sentido claro e preciso, que não possa ficar exposto a qualquer falsa interpretação. Eis por que, daqui a algum tempo, tereis pessoas mais sinceramente religiosas e crentes do que tendes hoje.

São Luís

VIDA PLENA

"Cultivo o silêncio? Luto pela paz interna, vencendo a agitação mundo?".

PRECE

Meu Deus, eu creio em vós e na vossa bondade infinita. Por isso, não posso crer que destes ao homem a inteligência para vos conhecer e a aspiração do futuro, a fim de mergulhá-lo no nada. Creio que meu corpo não é senão o envoltório perecível de minha alma, e que, quando tiver cessado de viver, despertarei no mundo dos espíritos.

Quinta-feira

Capítulo 5
BEM-AVENTURADOS OS AFLITOS (I)

2. Bem-aventurados vós, que sois pobres, pois vosso é o reino dos Céus. Bem-aventurados vós, que agora tendes fome, pois sereis saciados. Bem-aventurados vós, que chorais agora, pois havereis de rir. (LUCAS, 6:20 e 21).
Mas ai de vós, ricos! Que recebestes vossa consolação no mundo. Ai de vós que estais saciados, pois tereis fome. Ai de vós que rides agora, porque gemereis e chorareis. (LUCAS, 6:24 e 25).

Causas atuais das aflições

4. Os infortúnios da vida podem ser de duas espécies, ou seja, ter duas origens distintas. É importante expô-las aqui: umas têm sua causa na vida presente; outras, não exatamente nesta existência. Portanto, ao procurarmos a origem dos males terrenos, devemos admitir que muitos são consequência natural da conduta e do caráter de quem os suporta.

Quantos homens caem por sua própria culpa! Quantos são vítimas de sua negligência, de seu orgulho e ambição! Quantas pessoas se arruinam por desleixo, por falta de perseverança, por má conduta, ou por não terem conseguido impor um limite aos seus desejos! Quantas uniões infelizes, fruto do interesse ou da vaidade, em que o coração não foi levado em conta! Quantos desentendimentos e brigas desastrosas poderiam ser evitados com um pouco mais de moderação e menos ressentimentos! Quantas doenças são consequência de excessos de todo tipo! Quantos pais sofrem com seus filhos por não terem reprimido desde o início suas más tendências! Por comodismo ou indiferença, deixaram que se desenvolvessem neles as sementes do orgulho, do egoísmo e da vaidade, que ressecam o coração, e, mais tarde, ao colherem o que semearam, se espantam e se afligem com a falta de respeito e a ingratidão deles.

Que todos os que se vêem com o coração abatido pelas vicissitudes e decepções da vida interroguem friamente a própria consciência! Que reflitam seriamente sobre a origem dos males que os afligem, e verifiquem se, na maioria dos casos, não podem dizer: "Se eu tivesse feito, ou não tivesse feito tal coisa, não estaria nesta situação". Então, a quem responsabilizar por todas as suas aflições, senão a si mesmo? Portanto, na maioria dos casos, o homem é o autor dos seus próprios infortúnios. Mas, ao invés de reconhecer isso, ele acha mais simples, e menos humilhante, acusar o destino, a Providência, a falta de sorte, quando na verdade a culpa se deve à sua própria negligência.

Sem dúvida, os males dessa natureza representam a maior parte das dificuldades da vida. O homem só conseguirá evitá-los quando se empenhar pelo seu aperfeiçoamento moral, como se empenha pelo intelectual.

5. A lei humana pune determinadas faltas. Diz-se então que o condenado está sofrendo a consequência dos seus atos. Mas a lei não consegue punir todas as faltas. Ela abrange mais aqueles que causam prejuízo à sociedade, e não os que cometem delitos que prejudicam a si próprios. Contudo, Deus quer o progresso de todas as Suas criaturas. Por isso, não deixa impune qualquer desvio do caminho reto. Não há uma única falta, por mais leve que seja, uma única desobediência à Sua Lei, que não tenha forçosamente inevitáveis consequências, de certo modo lamentáveis. Donde se conclui que, tanto nas pequenas como nas grandes coisas, o homem sempre é punido pelos erros que cometeu. Os sofrimentos decorrentes de sua falta servem para adverti-lo de que agiu mal; dão-lhe experiência e fazem com que perceba a diferença entre o bem e o mal, e a necessidade de melhorar-se para evitar, no futuro, o que foi para ele

causa de aflições. Sem isso, ele não teria nenhum motivo para emendar-se. Confiante na impunidade, retardaria seu avanço e, consequentemente, sua felicidade futura.

Mas a experiência, às vezes, chega um pouco tarde. E então, quando a vida já foi desperdiçada com conturbações, quando as forças já estão enfraquecidas e o mal não tem remédio, o homem põe-se a lamentar, dizendo: "Se no início da vida eu soubesse o que sei hoje, quantos tropeços teria evitado! Se pudesse recomeçar, faria tudo diferente, mas não há mais tempo!". Do mesmo modo como o operário preguiçoso diz: "Perdi meu dia", ele se queixa: "Perdi minha vida". Mas, assim como o Sol nasce no dia seguinte para o operário, dando início a uma nova jornada que lhe permite recuperar o tempo perdido, para ele também, depois da noite do túmulo, brilhará o sol de uma nova vida, na qual poderá tirar proveito da experiência do passado e decidir por boas resoluções para o futuro.

O LIVRO DOS ESPÍRITOS

922. A felicidade terrena é relativa à posição de cada um. O que basta para a felicidade de um, faz a infelicidade de outro. Apesar disso, não há um limite de felicidade comum a todos os homens?

– Quanto à vida material, é a posse do necessário. Com relação à vida moral: consciência em paz e fé no futuro.

VIDA PLENA

"Tenho controlado minhas palavras, falando menos e ouvindo mais?".

PRECE

Bons espíritos, em nome de Deus Todo-Poderoso, eu vos suplico assistir aos nossos irmãos em suas aflições. Se, no seu interesse, elas não podem lhe ser poupadas, fazei-os compreender que são necessárias ao seu adiantamento. Dai-lhes a confiança em Deus e no futuro, que as tornará menos amargas. Dai-lhes também a força de não sucumbir ao desespero, que lhes faria perder seus frutos e tornaria suas posições futuras ainda mais penosas. Conduzi meu pensamento até eles, ajudando-os a sustentar a sua coragem.

Sexta-feira

Capítulo 5
BEM-AVENTURADOS OS AFLITOS (II)

Causas anteriores das aflições

6. Se há males nesta vida dos quais o homem é a principal causa, há outros a que, pelo menos aparentemente, ele está completamente alheio e que parecem atingi-lo por mera fatalidade. Assim acontece, por exemplo, com a perda dos entes queridos e dos que são arrimo de família. E ainda: os acidentes que nenhuma precaução poderia impedir, os reveses financeiros que frustram todas as medidas de prudência, as calamidades naturais e as enfermidades de nascença, sobretudo as que privam tantos infelizes dos meios de ganhar a vida pelo trabalho, como as deformidades físicas, as debilidades mentais, entre outras anomalias.

Aqueles que nascem em tais condições, com certeza nada fizeram nesta vida para merecer uma sorte tão triste e sem solução, que não pôde ser evitada nem mudada por vontade própria, deixando-os assim à mercê da caridade alheia. Por que, então, nascem pessoas tão infelizes, enquanto ao seu lado, sob o mesmo teto, numa mesma família, outras são favorecidas em praticamente tudo? Finalmente, o que dizer das crianças que morrem em tenra idade e que da vida só conheceram os sofrimentos?

Essa é uma questão que nenhuma filosofia conseguiu explicar até hoje. São anomalias que nenhuma religião conseguiu justificar, e que seriam uma negação da bondade, da justiça e da providência de Deus, se achássemos que a alma é criada ao mesmo tempo que o corpo, e que seu destino é traçado irrevogavelmente após uma breve permanência na Terra. Que fizeram essas almas, que acabam de sair das mãos do Criador, para suportar tanto sofrimento na Terra, e merecer, no futuro, uma recompensa ou uma punição qualquer, se não tiveram tempo de fazer nem o bem nem o mal?

Se seguirmos o princípio de que *todo efeito tem uma causa*, concluiremos que tais misérias são efeitos de alguma causa, e, desde que se admita um Deus justo, consequentemente essa causa também deve ser justa. Ora, como a causa sempre acontece antes do efeito, já que não está na vida atual deve estar na vida anterior, ou seja, deve pertencer a uma existência precedente. Por outro lado, não podendo Deus punir pelo bem que fizemos, nem pelo mal que não fizemos, se estamos sendo punidos é porque fizemos o mal. E, se não fizemos o mal nesta vida, o fizemos em outra. É uma conclusão da qual não é possível fugir, e que demonstra, por sua lógica, de que lado está a justiça de Deus.

Assim, o homem nem sempre é punido, ou completamente punido, na sua existência presente, mas nunca escapa das consequências de suas faltas. A vitória do mau é apenas momentânea: se ele não pagar hoje, pagará amanhã. Por isso dizemos que aquele que sofre está resgatando os erros do passado. A desventura, que à primeira vista parece imerecida, tem, pois, sua razão de ser, e quem a sofre pode sempre dizer: "Perdoai-me, Senhor, porque pequei".

7. Os sofrimentos por que passamos na vida presente, decorrentes de causas anteriores, bem como de faltas atuais, são uma consequência natural dos erros cometidos, cuja engrenagem funciona da seguinte maneira: por meio de uma rigorosa justiça, o homem sofre o que fez os outros sofrerem. Desse modo, se ele foi duro e desumano, poderá ser tratado duramente e com desumanidade; se foi orgulhoso, poderá nascer numa condição humilhante; se foi avarento, egoísta, ou se fez mau uso de sua fortuna, poderá ver-se privado do necessário para o seu sustento; se foi um mau filho, poderá sofrer com seus filhos.

Desse modo, é pela pluralidade das existências e da encarnação num planeta de provas que se explicam tanto as anomalias como a felicidade ou a infelicidade que aguarda os bons e os maus, neste mundo. Essas anomalias são consideradas um absurdo somente do ponto de vista da vida presente. Mas, se levarmos em conta outras existências, veremos que são apenas um mal aparente, pois cada um recebe o que merece, sem prejuízo do que lhe está reservado no mundo dos espíritos, e que, portanto, a justiça de Deus nunca falha.

O homem não deve esquecer-se nunca de que está num planeta inferior, ao qual está ligado por suas imperfeições. A cada adversidade, deve pensar que se pertencesse a um mundo mais evoluído isso não aconteceria, e que depende somente de de si prórpio e de seu aprimoramento moral não mais retornar a este mundo.

8. As atribulações da vida podem ser impostas a espíritos renitentes no mal ou muito ignorantes, ainda incapazes de fazer uma escolha consciente. Mas são livremente aceitas, e até escolhidas, por espíritos *arrependidos* que desejam reparar o mal que fizeram e melhorar sua conduta, a exemplo daquele que, tendo executado mal sua tarefa, pede para recomeçá-la, a fim de não perder o fruto do seu trabalho. Os infortúnios são, portanto, ao mesmo tempo expiações que corrigem o passado e provas que preparam o futuro. Rendamos graças a Deus que, na Sua infinita bondade, concede ao homem a oportunidade de reparação, não o condenando irrevogavelmente na primeira falta.

9. Não devemos pensar, no entanto, que todo sofrimento suportado na Terra seja necessariamente a indicação de uma determinada falta. Muitas vezes, os sofrimentos são simples provas escolhidas pelo espírito para concluir sua depuração e apressar seu progresso. Assim, a expiação sempre serve de prova, mas a prova nem sempre é uma expiação. Contudo, provas ou expiações são sempre sinais de uma relativa inferioridade, pois o que é perfeito não precisa mais ser provado. Um espírito pode ter adquirido certo grau de elevação, mas, querendo progredir mais, solicita uma missão, uma tarefa a executar, pela qual, se sair vitorioso, será tanto mais recompensado quanto mais penosa tiver sido sua luta. Tais são, de modo especial, as criaturas de instintos naturalmente bons, de alma

nobre, de generosos sentimentos inatos, que parecem nada ter trazido de mau de sua existência anterior e que suportam com uma resignação perfeitamente cristã as maiores dores, pedindo a Deus que as ajude a suportá-las sem lamentar-se. Ao contrário, podemos considerar como expiações as aflições que provocam lamentações e levam o homem a revoltar-se contra Deus.

O sofrimento que não provoca queixas, pode, sem dúvida, ser uma expiação, mas é um indício de que foi escolhido voluntariamente muito mais do que imposto. E, portanto, é prova de uma decisão firme, e indício de progresso.

10. Só podem aspirar à completa felicidade espíritos verdadeiramente puros, pois qualquer mácula lhes impede a entrada nos mundos felizes. São como passageiros de um navio contaminado pela peste, aos quais é proibida a entrada numa cidade enquanto não estiverem desinfetados. É por meios das diversas existências corporais que os espíritos se livram, pouco a pouco, de suas imperfeições. Se bem suportadas, as provações da vida os fazem progredir. Quando são expiações, elas resgatam as faltas, purificando-os, a exemplo de um remédio que limpa a ferida e cura o doente: quanto mais grave é a doença, mais forte deve ser o remédio. Portanto, quem sofre muito deve ter em mente que tinha muito a expiar, e alegrar-se porque logo estará curado. Tornar, então, o sofrimento proveitoso para sua evolução dependerá dele, ou melhor, de sua resignação. Caso contrário, terá de recomeçar.

O LIVRO DOS ESPÍRITOS

923. O que para um é supérfluo não vem a ser necessário para outros, e vice-versa, segundo as respectivas condições?

– Sim, segundo vossas idéias materiais, vossos preconceitos, vossa ambição e todos os vossos ridículos caprichos a que o futuro fará justiça quando compreenderdes a verdade. Sem dúvida, quem tinha cinquenta mil libras de renda e se vê reduzido a dez, se acha muito infeliz porque não pode mais ostentar sua importância, manter o que chama de sua posição: ter cavalos, criados, satisfazer todas as suas paixões, etc. Com isso, acha que lhe falta o necessário. Mas,

francamente, achas mesmo que seja digno de lástima, quando perto dele muitos morrem de fome e de frio, sem ter abrigo para dormir? Para ser feliz, o sábio olha para baixo, nunca para cima, a não ser para elevar sua alma ao Infinito. (715)

VIDA PLENA

"Tenho feito boas ações? Acendo luz em torno dos meus próprios passos?".

PRECE

Senhor, ensinai-nos a compreender que a felicidade que nos é possível é somente aquela que atualmente merecemos. Que tenhamos a sabedoria para conquistá-la, sobretudo quando a desejamos para o nosso próximo!

Sábado

Capítulo 6
O CRISTO CONSOLADOR

O Consolador prometido

3. Se me amais, guardai os meus mandamentos. E eu rogarei ao meu Pai, e Ele vos enviará outro consolador, para que fique eternamente convosco: o Espírito de Verdade, a quem o mundo não pode receber, porque não o vê nem o conhece. Mas vós o conhecereis, porque ele ficará convosco e estará em vós. Mas o Consolador, que é o Espírito Santo, a quem meu Pai enviará em meu nome, vos ensinará todas as coisas e vos fará relembrar de tudo o que vos tenho dito. (João, 14:15-17 e 26).

4. Jesus promete um outro consolador: o *Espírito de Verdade*, que o mundo ainda não conhece, porque não está suficientemente amadurecido para compreendê-lo. Se, pois, o Espírito de Verdade deve vir mais tarde para ensinar todas as coisas, é porque o Cristo não pôde dizer tudo. Se vem recordar o que o Cristo disse, é porque o que foi dito ficou esquecido ou foi mal compreendido.

O espiritismo vem, portanto, no tempo predeterminado, cumprir a promessa do Cristo. E o Espírito de Verdade é quem preside à sua instituição; volta a chamar os homens a obedecer a Lei; e ensina todas as coisas, ao fazer compreender o que o Cristo disse apenas por meio de parábolas. O Cristo advertiu: "Quem tem ouvidos para ouvir, que ouça!". Por isso, o espiritismo vem abrir os olhos e os ouvidos das criaturas, pois ensina de maneira clara, sem usar alegorias ou linguagem figurada; vem erguer o véu deixado de propósito sobre alguns mistérios; vem, enfim, trazer uma suprema consolação aos deserdados da Terra e àqueles que sofrem, atribuindo uma causa justa e uma finalidade útil para todas as dores.

O Cristo disse ainda: "Bem-aventurados os aflitos, pois serão consolados". Mas, como ficar feliz por sofrer, se não se sabe por que se sofre? O espiritismo mostra que a causa dos sofrimentos está nas vidas anteriores e na própria destinação da Terra, onde o homem expia o seu passado. Ele revela também que os sofrimentos são como crises salutares que levam à cura, pois constituem-se numa espécie de depuração que assegura a felicidade nas encarnações futuras. O homem compreende então que mereceu sofrer, e acha justo o sofrimento. Sabe que esse sofrimento contribui para sua evolução, e aceita-o sem se lamentar, como o operário aceita o trabalho que lhe assegura o salário. O espiritismo lhe dá uma fé inabalável no futuro, e a dúvida cruciante não tem mais ação sobre sua alma. Ao fazê-lo ver as coisas do alto, a importância dos infortúnios se perde no vasto e esplêndido horizonte que ele alcança, e a perspectiva da felicidade que o aguarda lhe dá paciência, resignação e coragem para ir até o fim do caminho.

Assim, o espiritismo realiza o que Jesus disse a respeito do Consolador Prometido: o conhecimento das coisas, que faz com que o homem saiba de onde vem, para onde vai, e porque está na Terra; o chamado para o retorno aos verdadeiros princípios da Lei de Deus; e a consolação pela fé e pela esperança.

O LIVRO DOS ESPÍRITOS

799. De que modo o espiritismo pode contribuir para o progresso?

– Destruindo o materialismo, que é uma das chagas da sociedade, ele faz com que os homens compreendam onde está seu verdadeiro interesse. Não sendo mais anuviado pela dúvida, o homem compreenderá melhor que, através do presente, pode assegurar seu futuro. Ao destruir os preconceitos de seitas, de castas e de cores, ele ensina aos homens a grande solidariedade que deve uni-los como irmãos.

VIDA PLENA

"Tenho observado que a vida é mudança? Que o dia de amanhã será sempre diferente, se a diferença for para melhor?".

PRECE

Bons espíritos, fazei com que eu e meus irmãos vejamos nos benefícios recebidos um efeito da bondade de Deus. Se o bem que nos chegam é uma prova, inspirai-nos o pensamento de fazer dele bom uso e de não nos envaidecer, a fim de que esse bem não resulte em nosso prejuízo para o futuro.

Domingo

Capítulo 7
BEM-AVENTURADOS OS POBRES DE ESPÍRITO

Todo aquele que se exalta será humilhado

3. Naquele momento, os discípulos se aproximaram de Jesus e Lhe perguntaram: "Quem é o maior no reino dos Céus?". Jesus, chamando um menino, colocou-o no meio deles, e disse: "Em verdade vos digo que, se não vos converterdes e não vos tornardes como crianças, não entrareis no reino dos Céus. *Todo aquele, pois, que se humilhar e se tornar pequeno como esta criança, será o maior no reino dos Céus*, e aquele que recebe em meu nome uma criança, tal como acabo de dizer, é a mim mesmo que recebe". (MATEUS, 18:1-5).

6. Essas máximas são consequência do princípio de humildade que Jesus incessantemente coloca como condição essencial para alcançar a felicidade prometida aos eleitos do Senhor, e que Ele expressou nas seguintes palavras: "Bem-aventurados os pobres de espírito, pois deles é o reino dos Céus". Jesus toma uma criança como modelo da simplicidade de coração, e diz: "Será maior no reino dos Céus aquele que se humilhar e *se fizer pequeno como uma criança*"; ou seja: quem não tiver nenhuma pretensão à superioridade ou à infalibilidade.

A mesma idéia fundamental é encontrada na máxima *Que aquele que quiser tornar-se o maior, seja vosso servidor*, e nesta outra também: *todo aquele que se humilha será exaltado, e todo aquele que se exalta será humilhado.*

O espiritismo vem confirmar a teoria contida nesses preceitos por meio de exemplos, mostrando-nos que são grandes no mundo espiritual os que eram pequenos na Terra, e frequentemente bem pequenos os que aqui eram os mais importantes e poderosos. É que os primeiros, ao morrer, levaram consigo as inúmeras virtudes que constituem a verdadeira grandeza no Céu, ao passo que os outros tiveram de deixar na Terra tudo o que compunha sua grandeza, e que não se leva daqui: a fortuna, os títulos, a glória e a nobreza de sua origem. Sem possuir nada além disso, chegam ao outro mundo despojados de tudo, como náufragos que perderam tudo, até mesmo as roupas, conservando apenas o orgulho, o que torna sua nova posição mais humilhante, pois, acima deles, e resplendentes de glória, vêem os que foram por eles espezinhados na Terra.

O espiritismo nos mostra uma outra aplicação desse princípio: o das sucessivas encarnações, nas quais aqueles que foram os mais ilustres em uma existência são rebaixados à posição inferior na existência seguinte, caso tenham sido dominados pelo orgulho e pela ambição. Não busqueis, pois, o primeiro lugar na Terra, nem procureis vos colocar acima dos outros, se não quiserdes ser obrigados a descer. Procurai, ao contrário, o lugar mais humilde e modesto, pois Deus saberá dar-vos um lugar mais elevado no Céu, se o merecerdes.

O LIVRO DOS ESPÍRITOS

769. Compreende-se que, como princípio geral, a vida social faz parte da natureza. Mas, como todos os gostos também fazem parte dela, por que a preferência pelo isolamento absoluto seria condenável, se o homem encontra nele sua satisfação?

– Satisfação egoísta. Também há homens que sentem satisfação embriagando-se. Tu os aprovas? Deus não pode tomar por agradável uma vida pela qual alguém se condena a não ser útil a ninguém.

770. Que pensar dos homens que vivem em reclusão absoluta para fugir do contato pernicioso do mundo?

– Duplo egoísmo.

771. Que pensar dos que fogem do mundo para dedicar-se a socorrer os infelizes?

– Estes se elevam rebaixando-se. Têm o duplo mérito de colocar-se acima dos prazeres materiais e de fazer o bem dando cumprimento à lei do trabalho.

VIDA PLENA

"Tenho me enganado com falsas apreciações sobre a justiça? O tempo é o juiz de todos?".

PRECE

Bons espíritos, inspirai-nos o cultivo da humildade para que possamos perceber o quanto essa atitude pode nos elevar espiritualmente. Que possamos nos lembrar dos exemplos de Jesus, do nascimento simples na manjedoura até o seu desencarne entre criminosos comuns!

Segunda-feira

Capítulo 8

BEM-AVENTURADOS OS PUROS DE CORAÇÃO

Pecado por pensamento. Adultério

5. Sabeis o que foi dito aos antigos: "Não cometereis adultério". Eu, porém, vos digo que todo aquele que olhar para uma mulher cobiçando-a, já cometeu adultério no seu coração. (MATEUS, 5:27-28).

6. A palavra *adultério* empregada aqui não deve ser entendida no sentido restrito de sua acepção, mas sim num sentido bem mais amplo. Jesus empregou-a muitas vezes para designar, por extensão, o mal, o pecado e todo e qualquer mau pensamento, como por exemplo nesta passagem: "Pois quem se envergonha de mim e de minhas palavras, diante dessa geração *adúltera e pecadora*, também o Filho do Homem se envergonhará dele, quando vier acompanhado dos anjos e santos na glória do seu Pai". (MARCOS, 8:38).

A verdadeira pureza não está somente nos atos; está no pensamento também, pois quem tem o coração puro nem sequer pensa no mal. É o que Jesus quis dizer ao condenar o pecado, mesmo em pensamento, porque é sinal de impureza.

7. Esse princípio dá margem à seguinte indagação: "Sofremos as consequências de um mau pensamento que não produziu nenhum efeito?".

Aqui cabe uma importante distinção a ser feita. À medida que progride na vida espiritual, a alma que enveredou no mau caminho se esclarece e se despoja, pouco a pouco, de suas imperfeições, conforme a menor ou maior boa vontade empenhada pelo seu livre-arbítrio. Todo mau pensamento é, portanto, resultado da imperfeição da alma. Mas, se ela realmente quiser depurar-se, até mesmo esse mau pensamento torna-se para ela uma oportunidade para progredir, pois o repele energicamente, como se desejasse apagar uma mancha que possui. Dessa forma, não cederá à tentação de satisfazer um mau desejo, e, após ter resistido, se sentirá mais forte e feliz com a própria vitória.

Ao contrário, aquela que não tomou boas resoluções, busca uma ocasião para praticar um mau ato, e, se não conseguir consumá-lo, não é por sua vontade, mas pela falta de oportunidade, tornando-se, por isso, tão culpada quanto se o tivesse praticado.

Em resumo: na pessoa que não concebe sequer o pensamento do mal, o progresso foi realizado. Em outra, a quem esse pensamento ocorre, mas que o repele, o progresso está em vias de realizar-se. Finalmente, naquela que tem tal pensamento e sente prazer com isso, o mal ainda está no auge de sua força. Numa, o trabalho está feito; noutra, está por fazer. Deus, que é justo, leva em conta todas essas variantes ao avaliar a responsabilidade dos atos e dos pensamentos do homem.

O LIVRO DOS ESPÍRITOS

461. Como distinguir os pensamentos que nos são próprios dos que nos são sugeridos?

– Quando um pensamento é sugerido, é como se uma voz vos falasse. Os pensamentos próprios são, em geral, os do primeiro impulso. Aliás, para vós essa distinção não tem grande importância, e muitas vezes é útil não conhecê-la: o homem age mais livremente. Se ele se decide pelo bem, o faz espontaneamente; se toma o mau caminho, há nisso maior responsabilidade.

VIDA PLENA

"Nas conquistas espirituais devo exagerar no entusiasmo e no desânimo?".

PRECE

Meus Deus, perdôo meu irmão o mal que fez e o que quis me fazer, com o desejo que me perdoeis e que ele também me perdoe as injustiças que eu possa ter cometido. Se o colocastes no meu caminho como uma prova, que seja feita a vossa vontade!

Terça-feira

Capítulo 9
BEM-AVENTURADOS OS MANSOS E PACÍFICOS

3. Ouvistes que foi dito aos antigos: "Não matarás, e quem matar merecerá ser condenado em juízo". Eu, porém, vos digo que quem se encolerizar contra seu irmão merecerá ser condenado em juízo; que aquele que disser ao seu irmão: "Raca!", merecerá ser condenado pelo conselho; e que aquele que lhe disser: "És louco", merecerá ser condenado ao fogo do inferno. (Mateus, 5:21 e 22).

Instruções dos Espíritos
A AFABILIDADE E A DOÇURA

6. Fruto do amor ao próximo, a benevolência para com os semelhantes gera a afabilidade e a doçura, que são a sua forma de manifestação. Contudo, nem sempre devemos confiar nas aparências, pois a educação e o conhecimento do mundo podem dar a impressão superficial dessas qualidades. Quantos existem cuja falsa cordialidade não passa de uma máscara externa, de uma roupa cujo corte planejado disfarça deformidades ocultas? O mundo está cheio de pessoas assim, que têm um sorriso nos lábios e o veneno no coração; *que são brandas, desde que nada as aborreça, mas que mordem diante da menor contrariedade*; cuja língua, afável quando falam face a face, se transforma em dardo envenenado quando falam pelas costas.

Também pertencem a essa categoria os homens que, fora de casa, são dóceis e no lar se transformam em tiranos, fazendo a família e os seus subordinados suportarem o peso de seu orgulho e despotismo, para se vingarem do constrangimento a que se submeteram lá fora. Como não ousam demonstrar sua autoridade com estranhos, que os recolocariam no seu devido lugar, querem fazer-se temidos pelo menos por aqueles que não podem lhes desobedecer. Em sua vaidade, têm a satisfação de dizer: "Aqui mando eu, e sou obedecido", sem imaginar que se poderia acrescentar, com mais razão: ..."e sou detestado".

Não basta que dos lábios escorra mel, pois se o coração não é tocado, então é hipocrisia. Aquele cuja afabilidade e doçura são verdadeiras, nunca se contradiz, nunca muda, sendo o mesmo diante dos estranhos ou na intimidade do lar. Aliás, sabe que, se enganamos os homens pela aparência, não enganamos a Deus. (LÁZARO, Paris, 1861).

A PACIÊNCIA

7. A dor é uma bênção que Deus envia aos Seus eleitos. Não vos aflijais, pois, quando sofrerdes. Ao contrário, bendizei a Deus Todo-Poderoso que vos marcou pela dor neste mundo, para depois vos proporcionar a glória no Céu.

Sede pacientes! A paciência é também uma caridade, e deveis praticar a Lei da Caridade ensinada pelo Cristo, o enviado de Deus. A caridade que consiste na esmola dada aos pobres é a mais fácil de todas. Mas há uma bem mais difícil e, por conseguinte, bem mais meritória: *é perdoar àqueles que Deus colocou em nosso caminho, como instrumentos de nossos sofrimentos, a fim de testar nossa paciência.*

A vida é difícil, eu sei. Ela é formada de mil coisas que são como alfinetadas que acabam por nos ferir. Mas é preciso levar em conta não só os deveres que nos são impostos, mas também as consolações e as compensações que recebemos. E então veremos que as bênçãos são bem mais numerosas do que as dores. O fardo parece bem menos pesado quando olhamos para o alto, do que quando curvamos a fronte para o chão.

Coragem, amigos! Jesus é o vosso modelo. Ele sofreu mais do que qualquer um de vós, e não tinha nada de que recriminar-Se, ao passo que vós tendes vosso passado a expiar. É preciso então que vos fortaleceis para o futuro. Sede, pois, pacientes! Sede cristãos: essa palavra resume tudo. (Um Espírito Amigo, Havre, 1862).

O LIVRO DOS ESPÍRITOS

887. Jesus também disse: "Amai até mesmo vossos inimigos". Ora, o amor aos nossos inimigos não é contrário às nossas tendências naturais, e a inimizade não provém da ausência de afinidade entre os espíritos?

– Sem dúvida, ninguém pode sentir um amor terno e apaixonado por seus inimigos. Não foi isso que Ele quis dizer. Amar seus inimigos é perdoá-los e retribuir-lhes o mal com o bem. É assim que nos tornamos superiores a eles. Pela vingança, colocamo-nos abaixo deles.

VIDA PLENA

"Meu progresso espiritual pode ser medido em milímetros ou espero alcançar as grandes mudanças?".

PRECE

Desviai de mim, meu Deus, a idéia de maldizer meu irmãos e todo desejo malévolo contra eles. Fazei com que eu não experimente nenhuma alegria com as infelicidades que poderiam lhes atingir, tampouco nenhuma inquietação com os bens que poderiam lhes serem concedidos, a fim de não enlamear minha alma com pensamentos indignos de um cristão. Possa a vossa bondade, Senhor, em se estendendo sobre eles, conduzi-los aos melhores sentimentos para comigo.

Quarta-feira

Capítulo 10
BEM-AVENTURADOS OS MISERICORDIOSOS

2. Se perdoardes aos homens as faltas que eles cometerem contra vós, vosso Pai Celeste também vos perdoará os pecados. Mas, se não perdoardes aos homens quando eles vos ofenderem, vosso Pai também não vos perdoará os pecados. (MATEUS, 6:14 e 15).

Reconciliar-se com os adversários

5. Reconciliai-vos o mais depressa possível com o vosso adversário, enquanto estiverdes com ele a caminho, para que não suceda que vosso adversário vos entregue ao juiz, e que o juiz vos leve ao ministro da justiça, e que sejais colocado na prisão. Em verdade vos digo que não saireis de lá enquanto não houverdes pago até o último ceitil.[1] (MATEUS, 5:25 e 26).

6. Na prática do perdão, assim como na prática do bem, há mais do que um efeito moral; há também um efeito material. Sabemos que a morte não nos livra dos nossos inimigos, pois os espíritos vingativos muitas vezes perseguem com o seu ódio aqueles contra os quais guardam rancor. Por isso, o provérbio que diz: "Morta a cobra, foi-se o veneno" é falso quando aplicado ao homem. O espírito mau espera que aquele a quem odeia reencarne, e esteja novamente preso ao corpo, para atormentá-lo mais facilmente, prejudicando-o em seus interesses ou em suas mais caras afeições. Essa é a origem

1 Ceitil: Menor parte de uma moeda, semelhante ao centavo.

da maior parte dos casos de obsessão, principalmente os que apresentam uma certa gravidade, como a subjugação e a possessão. Assim, o obsediado e o possesso são quase sempre vítimas de uma vingança que provavelmente foi motivada por uma má conduta em vida anterior. Deus permite essa situação como uma punição pelo mal que fizeram, ou, se não o fizeram, por lhes ter faltado indulgência e caridade para perdoar.

Assim, para que possamos desfrutar de tranquilidade na vida futura, é importante que reparemos o quanto antes os erros cometidos com relação ao nosso próximo, e perdoemos os nossos inimigos, a fim de que, antes de morrer, não exista mais nenhum motivo de discórdia, nada que depois possa justificar rancores. Dessa forma, de um inimigo implacável neste mundo, podemos fazer um amigo no outro, ou pelo menos ficamos com a justiça do nosso lado, pois Deus não nos deixa expostos à vingança.

Quando Jesus recomenda que nos reconciliemos o mais depressa possível com nosso adversário, não é apenas com a intenção de apaziguar discórdias durante a existência atual, mas com o propósito de evitar que elas se perpetuem em existências futuras. "Não saireis de lá", diz Ele, "enquanto não houverdes pago até o último ceitil", ou seja, enquanto não houverdes prestado contas com a justiça de Deus.

O sacrifício mais agradável a Deus

> 7. Se, pois, quando apresentardes vossa oferenda diante do altar, vos lembrardes de que vosso irmão tem alguma coisa contra vós, deixai vossa oferta aos pés do altar e ide primeiro vos reconciliar com vosso irmão; só depois, voltai para oferecer vossa dádiva. (Mateus, 5:23 e 24).

8. Quando diz: "Ide vos reconciliar com vosso irmão, antes de apresentar vossa oferenda diante do altar", Jesus ensina que o sacrifício mais agradável ao Senhor é o de sacrificar o nosso próprio ressentimento; que, antes de pedir perdão a Deus, é preciso que perdoemos nosso irmão; e que, se tivermos cometido alguma falta contra algum de nosso semelhante, devemos corrigi-la. Só então a oferenda será bem recebida, porque virá de um coração livre de qualquer sentimento mau. Jesus proferiu essa máxima em relação aos judeus, que ofe-

reciam sacrifícios materiais. Era preciso, então, adaptar Suas palavras aos costumes daquele povo. O cristão não oferece dádivas materiais porque espiritualizou o sacrifício, mas esse ensinamento de Jesus tem cada vez mais força para ele. O cristão oferece sua alma a Deus, e essa alma deve estar purificada. *Ao entrar no templo do Senhor, ele deve deixar do lado de fora todo sentimento de ódio e de animosidade, todo mau pensamento contra seu irmão.* Só então sua prece será levada pelos anjos aos pés do Eterno. É isso o que Jesus ensina ao proferir estas palavras: "Deixai vossa oferenda ao pé do altar, e ide primeiro vos reconciliar com vosso irmão, se quiserdes ser agradável ao Senhor".

O LIVRO DOS ESPÍRITOS

746. O assassinato é um crime aos olhos de Deus?

– Sim, um grande crime, porque quem tira a vida de seu semelhante interrompe uma vida de expiação ou de missão; e é aí que está o mal.

747. O assassinato sempre tem o mesmo grau de culpabilidade?

– Já o dissemos: Deus é justo. Ele julga mais a intenção do que o fato.

748. Em caso de legítima defesa, Deus desculpa o assassinato?

– Só a necessidade pode justificá-lo. Mas, se alguém pode preservar sua vida sem atentar contra a vida do agressor, deve fazê-lo.

VIDA PLENA

"No início ou no fim do dia, tenho agradecido a Deus a bênção da vida?".

PRECE

Bons espíritos, inspirai-me o esquecimento do mal e a lembrança do bem! Que, nem o ódio nem o rancor, nem o desejo de retribuir o mal com o mal entre em meu coração, porque o ódio e a vingança não pertencem senão aos maus espíritos, encarnados e desencarnados. Que eu esteja pronto, ao contrário, em lhe estender a mão fraterna, a lhe retribuir o mal com o bem e vir em sua ajuda, se isso estiver em meu poder!

Quinta-feira

Capítulo 11
AMAR AO PRÓXIMO COMO A SI MESMO

2. Fazei aos homens tudo o que quereríeis que eles vos fizessem, pois esta é a Lei e os profetas. (MATEUS, 7:12). Tratai todos os homens da mesma maneira que gostaríeis que eles vos tratassem. (LUCAS, 6:31).

3. O reino dos Céus é comparável a um rei que quis pedir contas aos seus servidores, e, tendo começado a fazê-lo, apresentaram-lhe um servo que lhe devia dez mil talentos.[1] Mas, como o servo não tinha meios para pagá-los, seu senhor mandou que ele lhe vendesse sua mulher, seus filhos, e tudo o que possuísse, a fim de saldar a dívida. Lançando-se aos pés do soberano, o servidor lastimava-se, dizendo: "Senhor, tende um pouco de paciência, e eu vos pagarei tudo". Então o senhor, tocado de compaixão, deixou-o ir e perdoou-lhe a dívida. Mas esse servidor, mal tendo saído, encontrou um de seus companheiros que lhe devia cem denários,[2] pegou-o pela garganta e, quase sufocando-o, lhe disse: "Paga-me o que me deves!". Seu companheiro, lançando-se aos seus pés, lamentava-se, dizendo: "Tende um pouco de paciência e vos pagarei tudo". Mas ele não quis escutá-lo, e foi embora mandando que o pusessem na prisão e que ele ficasse lá até pagar o que lhe devia.

Os outros servidores, seus companheiros, vendo o que se passava, ficaram extremamente aflitos e avisaram seu senhor sobre tudo o que acontecera. E o senhor, fazendo-o vir à sua presença, lhe disse: "Mau servidor, eu te ha-

1 Talento (de ouro ou prata): Era a unidade de moeda romana para grandes quantidades de dinheiro.
2 Denários: Pequena moeda de prata de maior circulação no Império Romano.

via perdoado tudo o que me devias, porque me pediste. Não devias também ter tido piedade de teu companheiro, como eu tive de ti?". E, saindo tomado de cólera, o senhor deixou-o nas mãos dos carrascos até que ele pagasse tudo o que lhe devia.

É assim que meu Pai, que está no Céu, vos tratará, se cada um de vós não perdoar, do fundo do coração, as faltas que seu irmão tiver cometido contra vós. (Mateus, 18:23-35).

Instruções dos Espíritos

A LEI DO AMOR

8. O amor resume inteiramente a doutrina de Jesus, pois é o sentimento mais sublime. Os sentimentos são instintos que evoluem à medida que se atinge o progresso moral. Em sua origem, o homem possui apenas instintos; em seguida, um tanto já corrompido, possui sensações; mais adiante, instruído e purificado, passa então a ter sentimentos. O patamar máximo do sentimento é o amor; não o amor no sentido vulgar da palavra, mas aquele sol interior que concentra e reúne em seu foco ardente todas as aspirações e todas as revelações sublimes. A Lei do Amor substitui o individualismo pela fusão dos seres, e elimina as misérias sociais. Feliz daquele que, superando sua individualidade, ama verdadeiramente seus irmãos sofredores! Feliz daquele que ama, pois não conhece as angústias da alma nem as do corpo: seus passos são leves, ele vive como se estivesse transportado para fora de si mesmo. Quando Jesus pronunciou a palavra divina *amor*, fez estremecer os povos, e os mártires, ébrios de esperança, entraram na arena.

O espiritismo vem, por sua vez, pronunciar a segunda palavra do vocabulário divino. Ficai atentos, porque essa palavra ergue a lápide dos túmulos vazios. É a *reencarnação*, que, triunfando sobre a morte, revela ao homem deslumbrado seu patrimônio intelectual. Não é mais aos suplícios que ela o conduz, mas à conquista de seu ser, elevado e transformado. O sangue resgatou o espírito, e o espírito deve agora resgatar o homem da matéria.

Eu vos disse que, em sua origem, o homem possui apenas instintos. Portanto, aquele em quem os instintos predominam está mais perto do ponto de partida do que da chegada. Para alcançar a meta a que o homem se destina, é preciso vencer os instintos em favor dos sentimentos, ou seja, é preciso aperfeiçoar os sentimentos, sufocando os germes latentes da matéria. Os instintos são a germinação e os embriões dos sentimentos, e trazem consigo o progresso, assim como a semente contém em si a árvore. Os seres menos avançados são aqueles que, libertando-se pouco a pouco de sua crisálida, continuam escravizados por seus instintos. O espírito deve ser cultivado como um campo. Toda a riqueza futura depende do trabalho presente, e, mais do que bens terrenos, ele vos conduzirá à gloriosa elevação. É então que, ao compreender a Lei de Amor que une todos os seres, nela buscareis as delicadas alegrias da alma, que são o prenúncio das alegrias celestes. (LÁZARO, Paris, 1862).

O LIVRO DOS ESPÍRITOS

914. Como o egoísmo se fundamenta na satisfação do interesse pessoal, parece bem difícil desarraigá-lo completamente do coração do homem. Será que ele chegará lá?

– À medida que os homens se instruem a respeito das coisas espirituais, menos valor dão às coisas materiais. Depois, é preciso reformar as instituições humanas que o alimentam e incitam. Isso depende da educação.

915. Sendo inerente à espécie humana, o egoísmo não será sempre um obstáculo ao reinado do bem absoluto na Terra?

– Está claro que o egoísmo é o vosso mal maior, mas deve-se à inferioridade dos espíritos encarnados na Terra, e não à humanidade em si. Ora, depurando-se por sucessivas encarnações, eles se livram do egoísmo, como de suas outras impurezas. Não tendes na Terra nenhum homem sem egoísmo e que pratique a caridade? Há mais do que pensais, mas pouco os conheceis, porque a virtude é discreta. Se existe um, por que não existirão dez? Se há dez, por que não haverá mil, e assim por diante?

VIDA PLENA

"O auxílio ao próximo é uma oportunidade de conhecer minhas fraquezas e realçar meus pontos fortes?".

PRECE

Desejo, para provar a sinceridade de minhas palavras, que me seja oferecida ocasião de ser útil aos meus desafetos. Mas sobretudo, meu Deus, preservai-me de fazê-lo por orgulho ou ostentação, o que me faria perder o fruto de minha ação, porque então eu mereceria que estas palavras do Cristo me fossem aplicadas: "Já recebestes vossa recompensa".

Sexta-feira

Capítulo 12
AMAI OS VOSSOS INIMIGOS

Pagar o mal com o bem

2. Se amardes somente os que vos amam, que mérito haveria nisso, já que as pessoas de má vida também amam aqueles que as amam? Se só fizerdes o bem aos que vos fazem, que mérito haveria nisso, uma vez que as pessoas de má vida fazem a mesma coisa? E se prestardes favores apenas àqueles de quem esperais receber o mesmo, que mérito haveria nisso, já que as pessoas de má vida também colaboram entre si para receber a mesma vantagem? Mas, quanto a vós, amai vossos inimigos; fazei o bem a todos; e emprestai sem nada esperar. Então, vossa recompensa será muito grande, e sereis filhos do Altíssimo, porque Ele é bom com os ingratos, e até mesmo com os maus. Sede, pois, misericordiosos como o vosso Deus! (Lucas, 6:32-36).

4. Para o incrédulo, amar os inimigos é um absurdo. Aquele para quem a vida presente é tudo vê no inimigo uma criatura nociva que lhe perturba a tranquilidade, e da qual, pensa ele, só a morte pode livrá-lo. Daí o desejo de vingança. Ele não tem o menor interesse em perdoar, a não ser para satisfazer o próprio orgulho aos olhos do mundo. Perdoar, em certos casos, lhe parece uma fraqueza indigna de si. Mesmo que não se vingue, nem por isso deixará de guardar rancor e de desejar-lhe mal, ainda que secretamente.

Para quem crê, principalmente para o espírita, o modo de

ver é totalmente diferente, pois seu olhar está voltado para o passado e para o futuro, entre os quais a vida presente não passa de um mero instante. Ele sabe que, pela própria destinação da Terra, é natural encontrar nela homens maus e perversos, e que as maldades a que está exposto fazem parte das provações pelas quais deve passar. O entendimento desse ponto de vista faz com que suas vicissitudes se tornem menos amargas, quer venham elas dos homens ou das coisas. *Se não se queixa das provações, também não deve queixar-se daqueles que delas são instrumentos.* Se, ao invés de lamentar-se, agradecer a Deus por colocá-lo à prova, *deve também ser grato à mão que lhe dá oportunidade de mostrar sua paciência e sua resignação.* Esse pensamento o predispõe naturalmente ao perdão. Além do mais, ele sente que, quanto mais generoso for, mais cresce aos próprios olhos, e fica fora do alcance das investidas maldosas do inimigo.

O homem que ocupa uma posição elevada no mundo não se sente ofendido por insultos de quem considera seu inferior. O mesmo acontece com quem, no mundo moral, se eleva acima da humanidade materialista: ele compreende que o ódio e o rancor o rebaixariam moralmente. Ora, para ser superior ao seu adversário, é preciso que tenha a alma maior, mais nobre e mais generosa.

O LIVRO DOS ESPÍRITOS

937. Para o homem sensível, as decepções pelas quais a ingratidão e a fragilidade que os laços de amizade nos fazem passar não são também uma fonte de amargura?

– Sim; mas vos ensinamos a lamentar os ingratos e os amigos infiéis: eles devem ser mais infelizes do que vós. A ingratidão é filha do egoísmo, e o egoísta mais tarde encontrará corações tão insensíveis como o dele. Pensai em todos os que fizeram mais bem do que vós, que tiveram mais mérito do que vós, e que foram pagos com ingratidão. Lembrai-vos de que o próprio Jesus, ainda em vida, foi injuriado e desprezado, tratado como velhaco e impostor, e não vos admireis de que o mesmo aconteça convosco. Que o bem que fizestes seja vossa recompensa neste mundo, e não leveis em

consideração o que dizem os que o receberam. A ingratidão é uma prova para vossa perseverança em fazer o bem. Isso sim vos será levado em conta, e os que vos menosprezaram serão mais punidos quanto maior tiver sido sua ingratidão.

VIDA PLENA

"Quem com ferro fere com ferro será ferido? Tenho facilidade de perdoar?".

PRECE

Bons espíritos que me protegeis, não permitais que eu conceba, na idéia de orar pelos meus inimigos, um pesar. Desviai de mim a inveja e o ciúme que rebaixam. Inspirai-me, ao contrário, a generosidade que eleva. A humilhação está no mal e não no bem, e sabemos que, cedo ou tarde, justiça será feita a cada um segundo as suas obras.

Sábado

Capítulo 13
QUE VOSSA MÃO ESQUERDA NÃO SAIBA O QUE FAZ VOSSA MÃO DIREITA

Fazer o bem sem ostentação

2. Tendo Jesus descido da montanha, uma grande multidão O seguiu. Ao mesmo tempo, um leproso veio a Ele e O adorou, dizendo-Lhe: "Senhor, se quiserdes podeis curar-me". Então, estendendo a mão, Jesus o tocou e lhe disse: "Eu o quero. Sede curado!". E, no mesmo instante, a lepra foi curada. Em seguida, lhe disse Jesus: "Não conteis isto a ninguém; mas ide vos mostrar aos sacerdotes e oferecei o donativo prescrito por Moisés, a fim de que isso lhes sirva de testemunho". (Mateus, 8:1-4).

Os infortúnios ocultos

4. Nas grandes calamidades públicas, a caridade logo se manifesta, e então vemos nobres movimentações para remediar os desastres. Mas, parelelamente a esses infortúnios, há milhares de tragédias pessoais que nos passam despercebidas, a exemplo das pessoas que jazem num leito de dor, sem se queixarem. São a esses desafortunados discretos e ocultos que a verdadeira generosidade sabe descobrir, sem esperar que venham pedir ajuda.

Quem é aquela mulher de aparência distinta, que traja vestes simples, mas bem-cuidadas, acompanhada de uma jovem vestida também modestamente? Ela entra numa casa paupérrima, onde, sem dúvida, é conhecida, pois é recebida na porta com respeito. Aonde ela vai? Sobe até o sótão, onde mora uma mãe de família cercada de crianças. À sua chegada, a alegria brilha naqueles rostinhos magros, porque a bondosa senhora vem abrandar as suas dores, trazendo o que lhes falta acompanhado por doces e consoladoras palavras que lhes permitem aceitar o benefício sem se sentirem envergonhados, pois eles não são mendigos. O pai está no hospital, e, durante esse período, a mãe não consegue prover às necessidades da família. Mas, graças àquela senhora, as pobres crianças não passarão fome nem frio. Irão à escola bem agasalhadas, e as menorzinhas serão amamentadas no seio da mãe. Se houver doentes entre elas, a bondosa senhora tratará de providenciar o cuidado necessário. De lá, ela seguirá para o hospital, a fim de levar ao pai das crianças palavras de conforto e tranquilizá-lo quanto à situação de sua família. Numa esquina, uma carruagem a espera; dentro dela parece haver uma verdadeira mercearia com tudo o que é necessário aos seus protegidos, aos quais visita um após o outro. Ela sequer lhes pergunta qual é sua crença ou sua opinião, porque para ela todos são filhos de Deus. Quando termina as visitas, diz a si mesma: "Comecei bem o meu dia".

Qual é o seu nome? Onde mora? Ninguém sabe! Para os infelizes, seu nome não importa; o que lhes interessa é que ela é o anjo da consolação, pois, à noite, uma sinfonia de bênçãos se eleva por ela até o Criador: católicos, judeus, protestantes, todos a bendizem. Por que se veste de maneira tão simples? Porque não quer insultar a miséria com seu luxo. Por que se faz acompanhar pela jovem filha? Para ensinar a ela como se deve praticar a caridade. A filha também deseja fazer caridade, mas a mãe lhe diz: "Que podes dar, minha filha, já que nada tens de teu? Se eu te entregar algo para dar aos outros, que mérito terás? Na verdade, eu é quem estaria fazendo a caridade, e tu terias o mérito, o que não está certo. Quando vamos visitar os doentes, tu me ajudas a cuidar deles. Ora, dispensar cuidados é dar alguma coisa. Isso não te parece suficiente? Nada é mais simples: aprende a trabalhar com a agulha, e confeccionarás roupinhas para essas crianças. Desse modo, darás alguma coisa que vem de ti".

É assim que essa mãe, verdadeiramente cristã, educa a

filha para a prática das virtudes ensinadas por Jesus. É espírita? O que importa! No meio em que ela vive, é uma senhora da sociedade, pois sua posição assim o exige. Mas ninguém sabe o que ela faz, porque tudo o que deseja é apenas a aprovação de Deus e de sua consciência. Mas um dia, uma circunstância imprevista levou à sua casa uma de suas protegidas, que foi oferecer-lhe seus bordados. Esta a reconheceu e quis agradecer à sua benfeitora. "Silêncio!", disse-lhe ela. "Não contes nada a ninguém". Assim também falava Jesus.

O LIVRO DOS ESPÍRITOS

704. Ao impor ao homem a necessidade de viver, Deus sempre lhe forneceu os meios para isso?

– Sim, e se ele não os encontra é porque não os reconhece. Deus não poderia impor ao homem a necessidade de viver sem dar-lhe os meios para isso. Eis por que faz com que a terra produza o necessário a todos os seus habitantes, pois só o necessário é útil; o supérfluo nunca o é.

889. Não há homens obrigados a mendigar por culpa própria?

– Sem dúvida! Mas, se uma boa educação moral lhes tivesse ensinado a praticar a Lei de Deus, não teriam caído nos excessos que os levaram à perdição. É disso, principalmente, que depende a melhoria do vosso planeta.

VIDA PLENA

"Conforto os necessitados sem alardear superioridade e sem exigir-lhes mudanças imediatas?".

PRECE

Senhor, vós nos dissestes pela boca de Jesus, vosso Messias: "Bem-aventurados aqueles que sofrem perseguição pela justiça; perdoai aos vossos inimigos; orai por aqueles que vos perseguem"; e ele mesmo nos mostrou o caminho, orando por seus algozes.

A seu exemplo, meu Deus, imploramos vossa misericórdia para aqueles que desconhecem os vossos divinos preceitos, os únicos que podem assegurar a paz neste mundo e no outro. Com Cristo nós vos dizemos: "Perdoai-lhes, meu Pai, porque eles não sabem o que fazem".

Domingo

Capítulo 14
HONRAI VOSSO PAI E VOSSA MÃE

> 2. Honrai vosso pai e vossa mãe, a fim de viverdes longo tempo na terra que o Senhor vosso Deus vos dará. (Decálogo: Êxodo, 20:12).

Quem é minha mãe e quem são meus irmãos?

> 5. E, chegando à casa, lá se reuniu tamanha quantidade de gente que eles não podiam fazer a refeição. E quando Seus familiares souberam disso, saíram para detê-Lo, pois diziam que Jesus tinha perdido a razão.
> Entretanto, Sua mãe e Seus irmãos, tendo chegado e permanecido do lado de fora, mandaram chamá-Lo. Ora, o povo estava sentado ao Seu redor, e disseram-Lhe: "Vossa mãe e vossos irmãos estão lá fora e vos chamam". Mas Ele lhes respondeu: "Quem é minha mãe, e quem são os meus irmãos?". E, referindo-Se àqueles que estavam sentados ao Seu redor, disse: "Eis aqui minha mãe e meus irmãos, pois quem quer que faça a vontade de Deus, este é meu irmão, minha irmã e minha mãe". (Marcos, 3:20 e 21, 31-35; Mateus, 12:46-50).

6. Certas palavras parecem estranhas na boca de Jesus, e contrastam com Sua bondade e Sua inalterável benevolência para com todos. Os incrédulos não perderam a oportunidade de usar isso como argumento para provar que Jesus se contradizia. Um fato inegável, porém, é que Sua doutrina tem por base essencial, por pedra angular, a Lei do Amor e da Caridade. Ele não poderia desmentir aqui o que estabelecia ali. Dis-

so devemos concluir que se algumas máximas parecem estar em contradição com Seus princípios, é porque as palavras que Lhe atribuíram foram mal traduzidas, mal compreendidas, ou não foram ditas por Ele.

7. Com razão, parece estranho Jesus demonstrar tanta indiferença em relação aos seus familiares, e, de certa forma, renegar Sua própria mãe. Quanto aos irmãos, sabe-se que eles nunca tiveram simpatia por Jesus, pois, como eram espíritos pouco evoluídos, não compreendiam Sua missão na Terra. A conduta de Jesus, segundo eles, era excêntrica, e Seus ensinamentos nada lhes diziam, já que nenhum deles tornou-se Seu discípulo. Parece que, até certo ponto, compartilhavam dos preconceitos dos inimigos Dele. Aliás, é certo que O recebiam mais como a um estranho do que como a um irmão, quando Ele visitava a família. São João afirma categoricamente que "não acreditavam Nele". (Veja João, 7:5).

Quanto à Sua mãe, ninguém poderia contestar sua ternura com o filho, mas deve-se admitir também que parecia não ter uma idéia exata de Sua missão, pois nunca a viram seguir Seus ensinamentos, nem lhes deu testemunho, como fez João Batista. Para ela, a atenção materna era o mais importante. Quanto à suposição de que Jesus tenha menosprezado Sua mãe, isto seria não fazer justiça ao Seu caráter moral. Tal pensamento sequer passaria pela cabeça daquele que disse: "Honrai vosso pai e vossa mãe". Devemos, portanto, buscar um outro sentido para Suas palavras, quase sempre veladas sob um significado simbólico.

Jesus não perdia uma só ocasião para dar um ensinamento. Aproveitou, pois, a oportunidade que a chegada de Sua família Lhe proporcionou para deixar bem clara a diferença existente entre o parentesco corporal e o parentesco espiritual.

O LIVRO DOS ESPÍRITOS

773. Por que, entre os animais, pais e filhotes deixam de reconhecer-se quando estes não precisam mais de cuidados?

– Os animais possuem vida material, não vida moral. A ternura da mãe pelos filhotes tem por princípio o instinto de conservação dos seres que deu à luz. Quando estes podem

cuidar de si mesmos, sua tarefa está cumprida, a natureza não lhe pede mais nada. Por isso ela os abandona, para ocupar-se com outros recém-chegados.

774. Há pessoas que, a partir do abandono dos filhotes pelos pais, deduzem que, no homem, os laços de família são apenas um resultado dos costumes sociais e não uma lei natural. O que devemos pensar sobre isso?

– *O destino do homem é diferente do dos animais. Por que, então, querer sempre comparar-se com eles? No homem, há algo mais do que necessidades físicas: há a necessidade de progredir. Os laços sociais são necessários ao progresso e os laços de família estreitam os sociais. Eis por que os laços de família são uma lei natural. Deus quis, com isso, que os homens aprendessem a amar-se como irmãos.* (205)

VIDA PLENA

"Sacrifico a paz no lar ou no trabalho com discussões fúteis ou conflitos dispensáveis?".

PRECE

Senhor, dai-nos a força de suportar, com paciência e resignação, como provas para nossa fé e nossa humildade, as zombarias, injúrias, calúnias e perseguições. Desviai-nos de todo pensamento de represália porque a hora da vossa justiça soará para todos, e nós a esperamos submetendo-nos à vossa santa vontade.

Segunda-feira

Capítulo 15
FORA DA CARIDADE NÃO HÁ SALVAÇÃO

O que é preciso para ser salvo. Parábola do bom samaritano

2. E eis que um certo doutor da lei, levantando-se, disse a Jesus, para tentá-Lo: "Mestre, que devo fazer para possuir a vida eterna?". Jesus respondeu-lhe: "O que está escrito na Lei? O que lês nela?". E o doutor respondeu: "Amareis ao Senhor, vosso Deus, com todo vosso coração, com toda vossa alma, com todas as forças e com todo vosso espírito, e ao vosso próximo como a vós mesmos". Jesus então disse: "Respondeste muito bem. Faze isso e viverás!".
Mas o homem, querendo fazer parecer que era justo, disse a Jesus: "E quem é meu próximo?". E Jesus, tomando a palavra, Lhe disse: "Um homem que descia de Jerusalém a Jericó caiu nas mãos de salteadores, que o despojaram, cobriram-no de ferimentos, e se foram, deixando-o quase morto. Eis que um sacerdote ia pelo mesmo caminho, e, tendo-o notado, passou bem longe. Um levita, que também seguia para o mesmo lugar, tendo-o observado, também passou longe. Mas um samaritano que viajava, chegando ao lugar onde estava o homem, e tendo-o visto, ficou tomado de compaixão. Então, aproximou-se dele, passou azeite e vinho em suas feridas e as tratou. E, pondo-o no seu cavalo, levou-o a uma estalagem, e cuidou dele. No dia seguinte, tirou dois denários, que deu ao hospedeiro, e lhe disse: 'Cuida bem deste homem, e tudo o que gastares a mais, eu te pagarei na minha volta'. Qual desses três te parece que foi o *próximo* daquele que caiu

nas mãos dos salteadores?". O doutor Lhe respondeu: "Aquele que usou de misericórdia para com ele". "Vai, pois, e faze o mesmo!", disse-lhe Jesus. (LUCAS, 10:25-37).

O maior mandamento

4. Mas os fariseus, sabendo que Jesus tinha calado a boca dos saduceus, reuniram-se, e um deles, que era doutor da lei, veio fazer-Lhe esta pergunta, para tentá-Lo: "Mestre, qual é o maior mandamento da Lei?". Jesus então respondeu-lhe: "Amareis ao Senhor, vosso Deus, de todo vosso coração, de toda vossa alma e de todo vosso espírito. Este é o maior e o primeiro mandamento. E eis aqui o segundo, que lhe é semelhante: 'Amareis vosso próximo como a vós mesmos'. Desses dois mandamentos dependem toda a Lei e os profetas". (MATEUS, 22:34-40).

5. Caridade e humildade, eis, pois, o único caminho para a salvação. Egoísmo e orgulho, eis o caminho da perdição. Esse ensinamento está expresso em termos claros nestas palavras: "Amareis a Deus de toda vossa alma, e vosso próximo como a vós mesmos. Toda a Lei e os profetas estão contidos nestes dois mandamentos". E para que não haja equívoco quanto à interpretação do amor a Deus e ao próximo, Jesus acrescenta: "E eis aqui o segundo mandamento, que é semelhante ao primeiro", ou seja, que não se pode amar a Deus verdadeiramente sem amar o próximo, nem amar o próximo sem amar a Deus. Portanto, tudo o que se faz contra o próximo, é o mesmo que fazê-lo contra Deus. Não sendo possível amar a Deus sem praticar a caridade para com o próximo, todos os deveres do homem se acham resumidos neste ensinamento moral: ***Fora da caridade não há salvação.***

O LIVRO DOS ESPÍRITOS

894. Há pessoas que fazem o bem por um impulso íntimo espontâneo, sem precisar vencer qualquer sentimento contrário. Elas têm o mesmo mérito que as que precisam lutar contra sua própria natureza e a dominam?

– Algumas não precisam lutar porque nelas o progresso já está realizado: lutaram no passado, e venceram. Por isso os bons sentimentos não lhes exigem qualquer esforço, e suas

ações lhes parecem perfeitamente normais. Para elas, o bem tornou-se um hábito. Devemos, pois, reverenciá-las como velhos guerreiros que conquistaram suas condecorações.

Como ainda estais longe da perfeição, esses exemplos vos surpreendem pelo contraste, e mais os admirais quanto mais raros são. Sabei, porém, que nos mundos mais adiantados que o vosso a regra é o que entre vós é uma exceção. O sentimento do bem nesses mundos é espontâneo, porque são habitados apenas por bons espíritos. Lá uma simples má intenção seria uma exceção monstruosa. Eis por que neles os homens são felizes. O mesmo acontecerá na Terra quando a humanidade se houver transformado, e quando compreender e praticar a caridade na sua verdadeira acepção.

VIDA PLENA

"A pessoa a quem auxilio é mais uma chave na solução de meus problemas?".

PRECE

Senhor, Deus de misericórdia, não repilais os criminosos que deixam a Terra. A justiça dos homens os atingiram, mas não os isentaram de vossa justiça, se seu coração não foi tocado pelo remorso. Erguei a venda que lhes ocultam a gravidade de suas faltas. Possa o seu arrependimento encontrar graça diante de vós e aliviar os sofrimentos de suas almas. Possam também as nossas preces e a intercessão dos bons espíritos levar-lhes a esperança e a consolação. Inspirai-lhes o desejo de reparar suas ações numa nova existência e lhes dar a força de não sucumbir nas novas lutas que empreenderão.

Senhor, tende piedade deles!

Terça-feira

Capítulo 16
NÃO SE PODE SERVIR A DEUS E A MAMON

Resguardar-se da avareza

3. Do meio da multidão, um homem então diz a Jesus: "Mestre, dizei a meu irmão que reparta comigo a herança que nos coube". Jesus então lhe perguntou: "Homem, quem estabeleceu que eu posso vos julgar, ou fazer vossas partilhas?". E acrescentou: "Cuidai de resguardar-vos de toda avareza, porque, seja qual for a abundância em que o homem esteja, sua vida não depende dos bens que possui". Em seguida, narrou-lhes esta parábola: "Havia um homem rico cujas terras tinham produzido extraordinariamente. Ele se ocupava pensando consigo mesmo: 'Que farei, já que não tenho um lugar onde possa guardar tudo o que vou colher? Acho que demolirei meus celeiros e construirei outros maiores, e guardarei neles toda a minha colheita e todos os meus bens; e direi à minha alma: 'Minha alma, tens muitos bens de reserva para vários anos. Então descansa, come, bebe, regala-te'.' Mas, no mesmo instante, Deus disse ao homem: 'Como és insensato! Esta noite mesmo te arrebatarão a alma. E para quem ficará tudo o que acumulaste?' ".
Assim acontece com aquele que acumula tesouros para si mesmo, e que não é rico diante de Deus. (Lucas, 12:13-21).

Desigualdade das riquezas

8. A desigualdade das riquezas é um desses problemas que se procura resolver inutilmente, quando se leva em consi-

deração apenas a vida presente. A principal questão que surge é esta: Por que todos os homens não são igualmente ricos? Eles não o são por uma razão muito simples: **porque não são igualmente inteligentes, ativos e laboriosos para adquirir, nem comedidos e previdentes para conservar.** Aliás, está matematicamente demonstrado que a riqueza, quando repartida igualmente, proporciona uma parte mínima e insuficiente para cada um. Então, supondo-se estabelecida essa divisão, em pouco tempo o equilíbrio seria rompido pelas diferenças entre as índoles e aptidões de cada pessoa. Imaginando-se que essa divisão fosse possível e duradoura, com cada um tendo apenas o suficiente para viver, disso resultaria a extinção de todas as grandes pesquisas que contribuem para o progresso e para o bem-estar da humanidade. Admitindo-se que ela desse a cada um somente o necessário, não haveria mais o estímulo que impulsiona os homens às grandes descobertas e aos empreendimentos úteis. Assim, se Deus a concentra em certos pontos, é para que dali se propague em quantidade suficiente, conforme as necessidades.

Admitido isso, pergunta-se: "Por que Deus a concede a pessoas incapazes de fazê-la frutificar para o bem de todos?". Eis aqui mais uma prova da sabedoria e da bondade de Deus. Ao dar ao homem o livre-arbítrio, quis que ele chegasse, por experiência própria, a distinguir o bem do mal, e que a prática do bem fosse o resultado de seus esforços e de sua própria vontade. O homem não deve ser conduzido irrevogavelmente nem ao bem nem ao mal, pois, se assim fosse, não passaria de um instrumento passivo e irresponsável, como os animais. A riqueza é um meio de colocá-lo à prova moralmente. Mas como, ao mesmo tempo, é um poderoso meio de ação para o progresso, Deus não quer que ela fique por muito tempo improdutiva. Eis por que *a transfere continuamente de mãos.* Todos devem possuí-la para aprender a utilizá-la, e demonstrar o uso que sabem fazer dela. Mas como é materialmente impossível que todos a possuam ao mesmo tempo – e, aliás, se todos a possuíssem, ninguém trabalharia e o desenvolvimento do planeta estaria comprometido –, *cada um a possui alternadamente.* Quem hoje não a tem, já a possuiu ou possuirá numa outra existência, e quem a possui agora, poderá deixar de tê-la amanhã. Existem ricos e pobres porque, sendo Deus justo, todos, por sua vez, devem trabalhar. Para uns, a pobreza é prova de paciência e resignação; para outros, a riqueza é prova de caridade e abnegação.

É lamentável o péssimo uso que determinadas pessoas fazem de sua fortuna e as infames paixões que a cobiça desperta. Pergunta-se, então: "Deus é justo ao dar riquezas a gente assim?". É certo que, se o homem tivesse uma única existência, nada justificaria semelhante repartição dos bens terrenos; mas se, ao invés de limitarmos nossa visão à vida presente, considerarmos o conjunto das existências, veremos que tudo se equilibra com justiça. O pobre, portanto, não tem mais motivos para acusar a Providência, nem para invejar os ricos, e os ricos não têm mais motivos para vangloriar-se do que possuem. Se fazem mau uso das riquezas, não será por meio de decretos ou de leis contra a ostentação que se remediará o mal. As leis podem mudar momentaneamente as aparências, mas não mudam o coração. Eis a razão pela qual sua vigência é apenas temporária, e porque são sempre seguidas de uma reação desenfreada. A origem do mal está no egoísmo e no orgulho. Os abusos de qualquer espécie cessarão por si mesmos quando os homens se orientarem pela Lei da Caridade.

O LIVRO DOS ESPÍRITOS

816. Se o rico tem mais tentações, não tem também mais condições de fazer o bem?

– É justamente o que nem sempre faz, tornando-se egoísta, orgulhoso e insaciável. Suas exigências aumentam com sua fortuna, e ele acha que nunca tem o suficiente.

Para o homem, sua importância neste mundo e a autoridade sobre seus semelhantes são provas tão arriscadas quanto a miséria, pois quanto mais rico e poderoso alguém for, *mais tem obrigações a cumprir* e mais numerosas são as oportunidades de fazer o bem e o mal. Deus experimenta o pobre pela resignação e o rico pelo uso que faz de seus bens e de seu poder.

A riqueza e o poder dão origem a todas as paixões que nos ligam à matéria e nos afastam da perfeição espiritual. Eis por que Jesus disse: "Em verdade vos digo que é mais fácil um camelo passar pelo buraco de uma agulha do que um rico entrar no reino dos céus". (266)

VIDA PLENA

"Em matéria de felicidade, tenho em mente que me transformo sempre naquilo que mais amo?".

PRECE

Fazei, ó meu Deus, com que esse revés na minha vaidade me sirva de lição para o futuro. Que ele me fortaleça na resolução que tomo de me depurar pela prática do bem, da caridade e da humildade, a fim de opor, de hoje em diante, uma barreira às más influências.

Quarta-feira

Capítulo 17
SEDE PERFEITOS

Sede, pois, perfeitos como vosso Pai Celestial é perfeito. (Mateus, 5:44, 46-48).

O homem de bem

3. O verdadeiro homem de bem é aquele que pratica a Lei de Justiça, de Amor e de Caridade com pureza. Ao interrogar sua consciência sobre seus próprios atos, ele se pergunta se não violou essa Lei, se não fez algo errado, se fez todo bem *que podia,* se negligenciou instintivamente uma ocasião de ser útil, se ninguém tem algo a se queixar dele. Enfim, se fez aos outros tudo o que gostaria que lhe fizessem. Ele confia em Deus, na Sua bondade, na Sua justiça e na Sua sabedoria. Sabe que nada acontece sem a Sua permissão, e em tudo se submete à vontade do Criador. Acredita no futuro; por isso, põe os bens espirituais acima dos bens temporais. Sabe que todas as contrariedades da vida, todas as dores, todas as decepções, são provas ou expiações, e as aceita sem se queixar.

O homem de bem que já desenvolveu intimamente o sentimento de caridade e de amor ao próximo faz o bem pelo bem, sem esperar retorno; retribui o mal com o bem; toma a defesa do fraco contra o forte; e sempre sacrifica seus interesses em favor da justiça. Sente satisfação nos benefícios que distribui, nos serviços que presta, nas coisas bem-sucedidas que faz, nas lágrimas que enxuga, nas consolações que leva aos aflitos.

Seu primeiro gesto é pensar nos outros, antes de pensar em si mesmo; é tratar dos interesses dos outros antes de cuidar dos seus. Ele é o oposto do egoísta, que calcula os ganhos e as perdas de toda ação generosa. Ele é bom, humano e afável para com todos, sem distinção *de raças ou crenças,* porque vê irmãos em todos os homens. Respeita nos outros todas as convicções sinceras e não condena os que não pensam como ele. Em qualquer circunstância, a caridade é seu guia. Diz a si mesmo que quem prejudica os outros com palavras maldosas, quem fere a suscetibilidade de alguém com seu orgulho e desprezo, quem não recua diante da idéia de causar um sofrimento, uma contrariedade, ainda que amena, quando poderia evitá-la, falta com seu dever de amor ao próximo e não merece a clemência do Senhor.

O homem de bem não tem ódio, nem rancor, nem desejos de vingança. A exemplo de Jesus, perdoa e esquece as ofensas, e só se lembra dos benefícios porque sabe que será perdoado conforme houver perdoado. É indulgente para com as fraquezas alheias, porque sabe que também precisa de indulgência, e recorda estas palavras de Jesus: "Que aquele que estiver sem pecado, lhe atire a primeira pedra!". Não se compraz em procurar os defeitos alheios nem em colocá-los em evidência. Se a necessidade o obriga a isso, procura sempre o bem que possa atenuar o mal. Examina suas próprias imperfeições e trabalha sem cessar para combatê-las. Todos os seus esforços se encaminham de forma a que possa dizer, no dia seguinte, que há nele algo melhor do que no dia anterior.

Não exalta sua inteligência nem suas habilidades à custa dos outros. Ao contrário, aproveita todas as ocasiões para ressaltar tudo o que favorece os outros. Não se envaidece com sua riqueza nem com suas honrarias pessoais, porque sabe que tudo o que lhe foi dado lhe pode ser tirado. Usa os bens que lhe são concedidos sem exagero, porque sabe que constituem um penhor do qual deverá prestar contas, e está ciente de que o emprego mais nefasto que pode lhes dar é servir-se deles para a satisfação de suas próprias paixões.

Se sua posição social colocou alguns homens sob seu comando, trata-os com bondade e benevolência, pois são seus semelhantes perante Deus. Por isso, usa de sua autoridade para erguer-lhe moralmente, e não para humilhá-los com seu orgulho. Evita tudo o que possa tornar-lhes mais penosa a posição de subalternos. O subordinado, por sua vez, compreende os deveres de sua posição e se empenha em cumpri-los conscienciosamente. (Veja versículo 9, do capítulo 17 de *O Evangelho Segundo o Espiritismo*).

Finalmente, o homem de bem respeita todos os direitos que as leis da natureza atribuem aos seus semelhantes, como gostaria que respeitassem os seus.

Esta não é a relação completa das qualidades que distinguem o homem de bem, mas, quem quer que se esforce para possuir as que foram enumeradas aqui, está no caminho que conduz a todas as outras.

O LIVRO DOS ESPÍRITOS

907. Como o princípio das paixões é inato, ele é por si só mau?

– Não. A paixão está no excesso conjugado com a vontade, pois o princípio foi dado ao homem para o bem, e as paixões podem levá-lo a grandes coisas. É o abuso que delas faz que acarreta o mal.

VIDA PLENA

"Tenho refletido sobre as sementes que planto e os frutos que devo colher?".

PRECE

Deus de misericórdia que aceitais o arrependimento sincero do pecador, encarnado ou desencarnado, eis um espírito que se comprazia no mal, mas que reconhece seus erros e entra no bom caminho. Dignai, ó Deus, recebê-lo como um filho pródigo e perdoai-lhe!

Quinta-feira

Capítulo 18
MUITOS SERÃO OS CHAMADOS E POUCOS OS ESCOLHIDOS

A porta estreita

3. Entrai pela porta estreita, pois a porta da perdição é larga e o caminho que a ela conduz é amplo, havendo muitos que por ele entram. Como a porta da vida é pequena! Como o caminho que a ela conduz é estreito! E como poucos o encontram! (Mateus, 7:13 e 14).

4. Tendo-Lhe alguém feito esta pergunta: "Senhor, são poucos os que se salvam?", Jesus lhe respondeu: "Esforçai-vos por entrar pela porta estreita, pois vos asseguro que muitos procurarão passar por ela e não conseguirão. E quando o dono da casa houver entrado e tiver fechado a porta, e vós, do lado de fora, começardes a bater, dizendo: 'Abre-nos, Senhor!', ele vos responderá: 'Não sei de onde sois'. Então, começareis a dizer: 'Comemos e bebemos na tua presença, e nos ensinastes em nossas praças públicas'. E ele vos responderá: 'Não sei de onde sois. Afastai-vos de mim, todos vós que praticais a iniquidade'. Então haverá pranto e ranger de dentes quando virdes que Abraão, Isaac, Jacó e todos os profetas estarão no reino de Deus, e que vós ficardes excluídos. Virão do Oriente e do Ocidente, do Norte e do Sul, muitos que participarão do banquete no reino de Deus. Então, os que forem os últimos serão os primeiros, e os que forem os primeiros serão os últimos". (Lucas, 13:23-30).

5. Larga é a porta da perdição, porque inúmeras são as más paixões, e porque o caminho do mal é percorrido pela

maioria. A porta da salvação é estreita, porque o homem que quer transpô-la é obrigado a esforçar-se arduamente para vencer suas más tendências, coisa a que poucos se submetem. É o complemento da máxima: "Muitos são os chamados e poucos os escolhidos".

Este é o estado atual da humanidade terrena, pois, sendo a Terra um planeta de expiação, nela o mal predomina. Mas quando transformar-se num mundo melhor, o caminho do bem será o mais frequentado. Deve-se, porém, entender essas palavras de maneira relativa e não em sentido absoluto, pois, se o estado normal da humanidade devesse ser este, Deus teria automaticamente condenado à perdição a imensa maioria de Suas criaturas, o que é uma suposição inaceitável, já que reconhecemos que Deus é todo justiça e bondade.

Mas, de que ações más essa humanidade seria culpada, se tivesse reencarnado somente na Terra e se a alma não tivesse tido outras existências? Por que um destino tão triste, em relação ao seu presente e ao passado? Por que tantos entraves em seu caminho? Por que essa porta tão estreita, que só a poucos é permitido transpor, se o destino da alma está definitivamente fixado após a morte? É assim que, ao crer em uma única existência, o homem está constantemente em contradição consigo mesmo e com a justiça de Deus. Refletindo, porém, sobre a anterioridade da alma e a pluralidade dos mundos, o horizonte se alarga. Então os pontos mais obscuros da fé são esclarecidos e o presente e o futuro mostram-se solidários com o passado. Só então podemos compreender toda a grandeza, toda a verdade, e toda a sabedoria das máximas do Cristo.

O LIVRO DOS ESPÍRITOS

259. Como o espírito pode escolher a espécie de prova pela qual deverá passar, isso significa que todas as tribulações pelas quais passamos na vida foram previstas e escolhidas por nós?

– Todas não é o termo, porque isso não significa que tenhais escolhido e previsto o que vos acontece no mundo, aos mínimos detalhes. Escolhestes o tipo de prova, os detalhes são consequência de vossa situação e, muitas vezes, das vossas próprias ações. Se o espírito quis nascer entre bandidos, por

exemplo, ele sabia a que desmandos se expunha, mas ignorava todos os atos que iria praticar; atos esses que resultariam de sua vontade ou de seu livre-arbítrio. O espírito sabe que, ao escolher determinado caminho, ele terá que sustentar lutas específicas. Sabe, portanto, que espécie de vicissitudes irá encontrar, mas ignora se acontecerá isto ou aquilo. Os detalhes nascem das circunstâncias e da força das coisas. Só os grandes acontecimentos, os que influem sobre o destino, estão previstos. Se tomares um caminho cheio de valas, sabes que deverás tomar grandes precauções, porque corres o risco de cair, mas ignoras em que ponto cairás, e podes até nem cair, se fores bastante prudente. Se, ao passar na rua, uma telha cair na tua cabeça, não creias que isso estava escrito, como comumente se diz.

VIDA PLENA

"Sei o significado dos problemas em minha vida? Sei que depois de um problema devo aguardar outros?".

PRECE

Sabemos, ó meu Deus, a sorte reservada àqueles que violam as vossas leis, abreviando voluntariamente os seus dias. Mas sabemos também que vossa misericórdia é infinita: dignai-vos estendê-la sobre essas almas. Possam as nossas preces e a nossa comiseração abrandar a amargura dos sofrimentos que elas experimentam por não terem tido a coragem de esperar o fim de suas provas.

Sexta-feira

Capítulo 19
A FÉ TRANSPORTA MONTANHAS

Poder da fé

1. Quando Jesus Se dirigia em direção ao povo, aproximou-Se Dele um homem que se lançou aos Seus pés, dizendo-Lhe: "Senhor, tem piedade de meu filho, que é lunático e sofre muito, pois ora cai no fogo, ora cai na água. Apresentei-o aos teus discípulos, mas eles não puderam curá-lo". Então, Jesus respondeu: "Ó geração incrédula e perversa! Até quando deverei estar convosco? Até quando vos tolerarei? Trazei-me aqui essa criança". E, ameaçando o demônio, expulsou-o da criança, que foi curada no mesmo instante. Então, os discípulos vieram ter com Jesus, em particular, e Lhe disseram: "Por que não pudemos, nós outros, expulsar o demônio?". E Jesus lhes respondeu: "Por causa de vossa falta de fé, pois, em verdade, ainda que tivésseis uma fé do tamanho de um grão de mostarda, diríeis a esta montanha: 'Passa daqui para lá', e ela para lá se transportaria, e nada vos seria impossível". (Mateus, 17:14-20).

4. Devemos ter cuidado para não confundir fé com presunção. A verdadeira fé se alia à humildade. Aquele que a possui deposita mais confiança em Deus do que em si mesmo; sabe que, sendo um simples instrumento da vontade de Deus, nada pode sem Ele. É por isso que os bons espíritos vêm em seu auxílio. A presunção é mais orgulho do que fé, e o orgulho é sempre punido, cedo ou tarde, pela decepção e pelas perdas que lhe são impostos.

5. O poder da fé é demonstrado direta e especialmente no magnetismo. Através dele, o homem age sobre o fluido universal, modifica-lhe as qualidades e lhe dá um impulso, por assim dizer, invencível. Eis por que aquele que, a um grande poder fluídico normal, juntar uma fé ardente, pode, pela simples vontade dirigida para o bem, operar fenômenos extraordinários de cura, além de outros mais, que outrora eram tidos como prodígios, mas que, na verdade, são apenas o efeito de uma lei natural. Essa é a razão pela qual Jesus disse aos Seus apóstolos: "Se não o curastes, é porque não tínheis fé".

A fé religiosa. Condição da fé inabalável

6. Do ponto de vista religioso, a fé é a crença nos dogmas particulares que constituem as diferentes religiões. Todas elas têm os seus artigos de fé. Sob esse aspecto, a fé pode ser *raciocinada* ou *cega*. Nada examinando, a fé cega aceita sem avaliação tanto o falso como o verdadeiro, e a cada passo se choca com a evidência da razão. Levada ao excesso, cai no *fanatismo*. Quando a fé se assenta no erro, cedo ou tarde desmorona. Somente a fé baseada na verdade tem seu futuro garantido, pois nada teme diante do progresso dos conhecimentos: *o que é verdadeiro na sombra, também o é à luz do dia.* Cada religião pretende ter a posse exclusiva da verdade, mas, *pregar a fé cega sobre uma questão de crença, é confessar a própria impotência para demonstrar que se está com a razão.*

7. Popularmente se diz que *fé não se receita.* Por isso, muitas pessoas dizem que não são culpadas por não terem fé. Sem dúvida, fé não se receita, e o que é ainda mais certo: *fé não se impõe.* Não, não se receita fé, mas adquire-se fé, e a ninguém é negado possuí-la, mesmo entre os mais relutantes. Estamos falando de verdades espirituais fundamentais, e não desta ou daquela crença em particular. Não cabe à fé procurar essas pessoas. Elas é que devem buscá-la com sinceridade, e então a encontrarão. Tende, pois, certeza de que aqueles que dizem: "Nada mais desejaríamos do que crer, mas não o conseguimos", falam da boca para fora e não com o coração, pois, ao mesmo tempo que dizem isso, tapam os ouvidos, embora haja provas em abundância ao redor deles. Por que então se

recusam a vê-las? Nuns, é descaso; noutros, medo de serem forçados a mudar seus hábitos; na maioria, é o orgulho que se recusa a reconhecer uma força superior, porque teria de curvar-se diante dela.

Em certas pessoas, a fé parece ter nascido com elas. Basta uma centelha para que a fé se revele. Essa facilidade de assimilar as verdades espirituais é um sinal evidente de progresso anterior. Em outras, ao contrário, elas só penetram com dificuldade; sinal não menos evidente de uma natureza atrasada. As primeiras já acreditaram e compreenderam; trazem, ao *reencarnar*, a intuição do que aprenderam: sua educação está consolidada. As outras precisam aprender tudo: sua educação está por fazer-se, e, se não for concluída nesta existência, o será em outra.

É preciso admitir que a resistência do incrédulo se deve menos a ele do que à maneira como lhe apresentam as coisas. A fé precisa de uma base, e a base é a perfeita compreensão daquilo em que se deve crer. Para crer, não basta *ver*. É preciso principalmente *compreender*. A fé cega não tem mais lugar neste século. Ora, é exatamente o dogma da fé cega que produz hoje a maioria dos incrédulos, porque ela quer impor-se, exigindo que se abra mão de uma das mais preciosas prerrogativas do homem: o raciocínio e o livre-arbítrio. É principalmente contra essa fé que o incrédulo se revolta, e é por isso que se diz, com razão, que fé não se receita. Não admitindo provas, ela deixa na cabeça um vazio, a partir do qual nasce a dúvida. A fé raciocinada, que se apóia nos fatos e na lógica, não deixa atrás de si nada que não seja claro. Crê-se porque se tem certeza, e só se tem certeza quando se compreendeu. Eis por que ela não se dobra: ***porque fé inabalável é somente aquela que pode encarar a razão de frente, em todas as eras da humanidade.***

É a esse resultado que o espiritismo conduz. Assim, triunfa sobre a incredulidade todas as vezes que não encontra oposição sistemática e interesseira.

O LIVRO DOS ESPÍRITOS

962. Por que existem incrédulos, uma vez que a alma traz ao homem o sentimento das coisas espirituais?

– Existem menos incrédulos do que se pensa. Muitos se fazem de espíritos fortes por orgulho, durante a vida. Na hora da morte, porém, não são tão fanfarrões.

O que acontecerá na vida futura vai depender de nossos atos. A razão e a justiça nos dizem que, na partilha da felicidade a que todo homem aspira, os bons e os maus não podem ser confundidos. Deus não pode querer que uns, sem trabalho, usufruam de bens que outros só alcançam com esforço e perseverança.

A idéia que, pela sabedoria das suas leis, Deus nos dá da sua justiça e bondade, não nos permite pensar que o justo e o mau estejam no mesmo plano aos seus olhos, nem duvidar que receberão um dia, um, a recompensa, o outro, a punição pelo bem ou pelo mal que tiverem feito. Por isso é que o sentimento inato que temos da justiça nos dá a intuição das penas e recompensas futuras.

VIDA PLENA

"Devo ficar aflito por antecipação, sabendo que muitas vezes é possível que a vida resolva o meu problema, sem qualquer esforço de minha parte?".

PRECE

Senhor, dignai-vos lançar um olhar de bondade sobre os espíritos imperfeitos que estão ainda nas trevas da ignorância e vos desconhecem. Bons espíritos, ajudai-nos a fazê-los compreender que induzindo os homens ao mal, obsediando-os e atormentando-os, prolonga seus próprios sofrimentos. Fazei com que o exemplo de felicidade de que gozais seja um encorajamento para ele.

Espíritos que vos comprazeis no mal, vindes ouvir a prece que fizemos por vós. Ela deve vos provar que desejamos vos fazer o bem, embora façais o mal.

Sábado

Capítulo 20
OS TRABALHADORES DA ÚLTIMA HORA

Instruções dos espíritos
OS ÚLTIMOS SERÃO OS PRIMEIROS

3. Jesus gostava da simplicidade da simbologia. Para Ele, os trabalhadores da primeira hora são os profetas, Moisés, e todos os iniciadores que marcaram as etapas do progresso, continuadas no decorrer dos séculos pelos apóstolos, pelos mártires, pelos pais da Igreja, pelos sábios, pelos filósofos e, finalmente, pelos espíritas. Estes, que vieram por último, foram anunciados e profetizados desde a chegada do Messias, e receberão a mesma recompensa. Mas, que digo eu?!... Estes receberão uma recompensa bem maior, pois sendo os últimos a chegar, se beneficiam dos trabalhos intelectuais de seus antecessores, cujos resultados devem servir à coletividade. Deus abençoa a solidariedade. Aliás, muitos dentre eles estão revivendo hoje, ou reviverão amanhã, para completar a obra que outrora deram início. Mais de um patriarca, mais de um profeta, mais de um discípulo de Jesus, mais de um propagador da fé cristã se encontram entre eles. Porém, mais esclarecidos, mais adiantados, trabalhando não mais na base, mas no acabamento do edifício. Seu salário será, portanto, proporcional ao mérito do trabalho.

A reencarnação, este belo conceito, eterniza e determina a filiação espiritual. O espírito, chamado a prestar contas de seu mandato terreno, compreende a continuidade da tarefa interrompida, porém sempre retomada. Ele vê, sente que captou "no ar" o pensamento de seus antecessores. Reinicia a luta, amadurecido pela experiência, para continuar avançando. E todos, trabalhadores da primeira e da última hora, de olhos bem abertos diante da profunda justiça de Deus, não se queixam mais, O adoram.

Esse é um dos reais sentidos desta parábola, cujo ensinamento, como em todas as outras que Jesus dirigiu ao povo, contém o gérmem do futuro, e também a revelação da magnífica unidade que harmoniza todas as coisas no Universo, da solidariedade que une todos os seres presentes ao passado e ao futuro. (Henri Heine, Paris, 1863).

O LIVRO DOS ESPÍRITOS

803. Todos os homens são iguais perante Deus?

– Sim, todos tendem para o mesmo fim, e Deus faz suas leis para todos. Muitas vezes dizeis: "O Sol brilha para todos", e com isso dizeis uma verdade maior e mais universal do que pensais.

Todos os homens são sujeitos às mesmas leis da natureza. Todos nascem com a mesma fragilidade; estão sujeitos às mesmas dores; e o corpo do rico se destrói como o do pobre. Portanto, Deus não deu a homem algum superioridade natural, nem pelo nascimento, nem pela morte: todos são iguais perante Ele.

807. Que pensar dos que abusam da superioridade de sua posição social para oprimir o fraco em proveito próprio?

– Merecem ser execrados. Ai deles! Serão, por sua vez, oprimidos e renascerão numa existência em que sofrerão tudo o que tiverem feito outros sofrerem. (684)

VIDA PLENA

"Ao aspirar a felicidade permito que a culpa interfira nos meu planos de mudanças interiores?".

PRECE

Somos infelizes porque é impossível ser feliz fazendo o mal. Por que, pois, permanecer em pena quando depende de nós dela sair? Olhemos os bons espíritos que nos cercam! Vejamos quanto são felizes, e se não nos seria mais agradável gozar a mesma felicidade!

Domingo

Capítulo 21
HAVERÁ FALSOS CRISTOS E FALSOS PROFETAS (I)

Conhece-se a árvore pelos frutos

3. Ficai atentos para que ninguém vos engane, pois muitos virão em meu nome, dizendo: "Eu sou o Cristo", e enganarão a muitos.
E surgirão muitos falsos profetas que enganarão a muitas pessoas; e, por multiplicar-se a maldade, a caridade de muitos esfriará. Mas aquele que perseverar até o fim será salvo.
Então, se alguém vos disser: "Eis que o Cristo está aqui, ou ali", não lhe deis crédito, pois surgirão falsos cristos e falsos profetas que farão tantos prodígios e coisas espantosas, que enganarão, se possível for, até mesmo aos próprios escolhidos. (Mateus, 24:4-5, 11-13, 23-24; Marcos, 13:5-6, 21-22).

Prodígios dos falsos profetas

5. "Surgirão falsos cristos e falsos profetas que farão tantos prodígios e coisas espantosas, que enganarão até mesmo aos próprios escolhidos." Essas palavras mostram o verdadeiro sentido do termo *prodígio*. Na acepção teológica, os prodígios e os milagres são fenômenos excepcionais, que fogem às leis da natureza. Sendo as leis da natureza obra *unicamente* de Deus, sem dúvida Ele poderá revogá-las, se o desejar, mas o bom senso diz que Ele não pode ter dado a alguns seres perversos e in-

feriores um poder semelhante ao Seu, muito menos o direito de desfazer o que Ele fez. Jesus não pode ter sancionado tal princípio. Se, pois, conforme o sentido que se dá a essas palavras, o espírito do mal tem o poder de fazer prodígios tais, que até mesmo os próprios eleitos sejam enganados, poder-se-ia concluir que, se eles conseguem fazer o que Deus faz, os prodígios e os milagres não são privilégios exclusivos dos enviados de Deus, e não provam nada, uma vez que nada distingue os milagres dos santos dos milagres dos demônios. É preciso, pois, buscar um sentido mais racional para essas palavras de Jesus.

Para o povo ignorante, todo fenômeno cuja causa é desconhecida passa a ser tido como sobrenatural, maravilhoso e miraculoso. Uma vez conhecida a causa, reconhece-se que o fenômeno, por mais extraordinário que pareça, nada mais é do que a aplicação de uma lei da natureza. É assim que o círculo dos fatos sobrenaturais diminui à medida que o da ciência se amplia. Através dos tempos, alguns homens exploraram certos conhecimentos que possuíam, em favor de seus interesses e de seu desejo de dominação, a fim de atribuir a si próprios o prestígio de um poder supostamente sobre-humano, ou de uma pretensa missão divina. Estes são os falsos cristos e os falsos profetas. Contudo, a propagação dos conhecimentos acaba por relegar-lhes ao descrédito. Por isso é que o número dessas pessoas diminui à medida que os homens se instruem. O fato de operarem o que para algumas pessoas parece prodígios, não é, portanto, sinal de uma missão divina, uma vez que pode ser o resultado de conhecimentos que qualquer um pode adquirir, ou de faculdades orgânicas especiais, que tanto o mais indigno quanto o mais digno podem possuir. Reconhece-se o verdadeiro profeta por atributos mais sérios e exclusivamente morais.

O LIVRO DOS ESPÍRITOS

98. Os espíritos da segunda ordem, que só têm o desejo do bem, têm também o poder de fazer o bem?

– Eles têm esse poder, segundo seu grau de perfeição: uns têm conhecimentos, outros sensatez e bondade, mas todos ainda têm de passar por provas.

99. Os espíritos da terceira ordem são todos essencialmente maus?

– Não, uns não fazem nem bem nem mal; outros, ao contrário, se comprazem no mal e ficam satisfeitos quando têm oportunidade de praticá-lo. Aliás, ainda há os espíritos levianos ou estouvados, mais trapalhões do que maldosos, que sentem mais satisfação na malícia do que na malvadeza, cujo prazer é mistificar e causar pequenas contrariedades, do que acham graça.

O LIVRO DOS MÉDIUNS

263. Já dissemos que os espíritos, assim como os homens, devem ser julgados por sua linguagem. Suponhamos que um homem receba vinte cartas de pessoas que não conhece. Pelo estilo, pelas idéias, por uma vasta quantidade de indícios, enfim, avaliará as que são instruídas ou ignorantes, educadas ou mal-educadas, superficiais, perspicazes, frívolas, orgulhosas, sérias, levianas, sentimentais, etc. O mesmo ocorre com os espíritos: devemos considerá-los como correspondentes que nunca vimos e perguntar-nos o que pensaríamos do saber e do caráter de um homem que dissesse ou escrevesse tais coisas. Pode-se estabelecer, como regra invariável e sem exceção, que a linguagem dos espíritos é sempre compatível com seu grau de elevação.

Os espíritos realmente superiores não só dizem apenas coisas boas, mas as dizem em termos que excluem, de modo categórico, qualquer trivialidade. Por melhores que sejam essas coisas, se estiverem empanadas por uma única expressão que revele baixeza, é sinal indubitável de inferioridade, com mais razão ainda se o conjunto da comunicação fere o decoro por sua grosseria. A linguagem sempre revela sua origem, seja pelo pensamento que traduz, seja por sua forma, e mesmo que um espírito queira iludir-nos quanto à sua pretensa superioridade, basta conversarmos algum tempo com ele para avaliá-lo.

VIDA PLENA

"Tenho percebido as coisas com os olhos da bondade e os ouvidos da lógica?".

PRECE

(Pelos espíritos arrependidos) Se vos comprazíeis outrora em fazer o mal, era porque não compreendíeis o quanto é doce a alegria de fazer o bem. Vós vos sentíeis também muito baixo para esperar atingi-lo. Mas desde o instante em que colocaste o pé no bom caminho, uma luz se fez para vós. Começastes a provar uma felicidade desconhecida, e a esperança entrou no vosso coração. É que Deus escuta sempre a prece do pecador arrependido e não repele nenhum daqueles que vão a Ele.

Segunda-feira

Capítulo 21
HAVERÁ FALSOS CRISTOS E FALSOS PROFETAS (II)

Não acrediteis em todos os espíritos

6. Meus bem-amados, não creiais em todos os espíritos. Antes, provai se são espíritos de Deus, pois muitos falsos profetas surgirão no mundo. (JOÃO, 1ª *Epístola*, 4:1).

7. Os fenômenos espíritas, ao contrário de autorizar os falsos cristos e os falsos profetas, como algumas pessoas gostam de dizer, vêm dar-lhes o golpe fatal. Não soliciteis ao espiritismo milagres ou prodígios, pois ele declara categoricamente que não os produz. Tal como a física, a química, a astronomia e a geologia vieram revelar as leis do mundo material, o espiritismo vem revelar outras leis desconhecidas, que regem as relações entre o mundo físico e o mundo espiritual, e que, da mesma forma que as leis científicas, são igualmente leis da natureza. Ao dar uma explicação para determinada categoria de fenômenos até então incompreendidos, o espiritismo acaba com o que ainda permanecia no âmbito do prodigioso. Portanto, aqueles que se sentissem tentados a explorar esses fenômenos em proveito próprio, fazendo-se passar por enviados de Deus, não conseguiriam enganar os crédulos por muito tempo, e logo seriam desmascarados. Aliás, tal como foi dito, esses fenômenos, por si só, nada provam, pois a missão se prova por efeitos morais, o que não é dado a qualquer um produzir. Esse é um dos resultados do desenvolvimento da ciência

espírita. Ao pesquisar a causa de alguns fenômenos, ela ergue o véu que encobria muitos mistérios. Só os que preferem a escuridão à luz têm interesse em combatê-la. Mas a verdade é como o Sol: dissipa os mais densos nevoeiros.

O espiritismo vem revelar uma outra categoria, bem mais perigosa, de falsos cristos e falsos profetas, que se encontram não entre os homens, mas entre os desencarnados: é a categoria dos espíritos mistificadores, hipócritas, orgulhosos e falsos sábios, que passaram da Terra para a erraticidade, e se disfarçam com nomes veneráveis para tentar fazer com que suas idéias sejam aceitas, sendo elas muitas vezes as mais extravagantes e absurdas. Antes que as relações mediúnicas fossem conhecidas, eles atuavam de forma menos ostensiva, pela inspiração, pela mediunidade inconsciente, auditiva ou psicofônica. É considerável a quantidade dos que, em diversas épocas, mas principalmente nestes últimos tempos, fizeram-se passar por alguns dos antigos profetas, pelo Cristo, por Maria, mãe de Jesus, e até mesmo por Deus. O apóstolo João alerta-nos sobre eles, quando diz: "Meus bem-amados, não creiais em todos os espíritos. Antes, provai se são espíritos de Deus, pois muitos falsos profetas surgirão no mundo". O espiritismo oferece os meios para colocá-los à prova, ao indicar os atributos pelos quais se reconhecem os bons espíritos, atributos *sempre morais e nunca materiais.*[1] É para distinguir os bons dos maus espíritos que se podem aplicar, principalmente, estas palavras de Jesus: "Reconhece-se a qualidade da árvore por seus frutos. Uma árvore boa não pode dar maus frutos, e uma árvore má não pode dar frutos bons". Julgam-se os espíritos pela qualidade de suas obras, como uma árvore pela qualidade de seus frutos.

O LIVRO DOS ESPÍRITOS

128. Os seres a quem chamamos anjos, arcanjos, serafins, formam uma categoria especial, de natureza diferente da dos outros espíritos?

– Não, são os espíritos puros: os que estão no grau mais elevado da escala e reúnem todas as perfeições.

1 Ver, para a distinção dos espíritos, *O Livro dos Médiuns*, capítulo 24 e seguintes.

Geralmente a palavra anjo desperta a idéia de perfeição moral. No entanto, muitas vezes é aplicada a todos os seres, bons e maus, que não fazem parte da humanidade. Diz-se: anjo bom e anjo mau; anjo de luz e anjo das trevas. Nesse caso, anjo é sinônimo de espírito ou gênio. Aqui, tomamos o termo em sua acepção favorável.

129. Os anjos percorreram todos os graus?

– Percorreram todos os graus, mas, como já dissemos, uns aceitaram sua missão sem reclamar e chegaram mais depressa; outros levaram um tempo mais ou menos longo para atingir a perfeição.

130. Se a opinião que admite seres criados perfeitos e superiores a todas as outras criaturas é errônea, como se explica que faça parte da tradição de quase todos os povos?

– Não te esqueças: teu mundo não existe desde toda a eternidade e, muito antes que ele existisse, já havia espíritos que tinham atingido o grau supremo. Por isso, os homens pensaram que eles sempre tivessem sido assim.

131. Há demônios, no sentido que se atribui a esta palavra?

– Se houvesse demônios, seriam obra de Deus, e acaso Deus seria justo e bom se tivesse criado seres eternamente votados ao mal e infelizes? Se há demônios, é no teu mundo inferior e em outros semelhantes que eles vivem. Os homens hipócritas é que transformam um Deus justo num Deus vingativo, e pensam agradá-lo com as abominações que em seu nome cometem.

VIDA PLENA

"Tenho educado minha visão e audição, tanto quanto as palavras e as maneiras?".

PRECE

Para entrarmos completamente em graça junto de vós, ó Deus, ensinai-nos a ser aplicados de hoje em diante, não somente a não fazer o mal, mas a fazer o bem e, sobretudo, a reparar o mal que fizemos. Então, teremos satisfeito a vossa justiça. Cada boa ação apagará uma de nossas faltas passadas.

Terça-feira

Capítulo 22
NÃO SEPAREIS O QUE DEUS UNIU

Indissolubilidade do casamento

1. Os fariseus também vieram ter com Jesus para tentá-Lo e Lhe disseram: "É permitido ao homem repudiar sua mulher por um motivo qualquer?". Ele lhes respondeu: "Não sabes que o Criador os criou desde o princípio macho e fêmea, e que disse: 'Por essa razão, o homem deixará pai e mãe e se unirá à sua mulher, e serão dois numa só carne'? Assim, não serão mais duas, mas uma única carne. Que, pois, o homem não separe o que Deus uniu".
Disseram-Lhe eles: "Então, por que Moisés ordenou que se dê a uma mulher a carta da separação, ao repudiá-la?". E Jesus lhes respondeu: "Foi a dureza do vosso coração que levou Moisés a vos permitir que repudiásseis vossas mulheres. Mas não foi assim desde o começo. Eu também vos declaro que todo aquele que repudiar sua mulher, e desposar outra, comete adultério. E aquele que desposa a mulher que outro repudiou, também comete adultério. (MATEUS, 19:3-9).

3. Na união dos sexos, porém, ao lado da lei material, comum a todos os seres vivos, há uma outra lei imutável, como todas as leis de Deus, exclusivamente moral, que é a Lei de Amor. Deus quis que os seres se unissem não só pelos laços da carne, mas pelos laços da alma, a fim de que a afeição mútua do casal se estendesse aos filhos, e que fossem dois, e não um, a amá-los, a cuidar deles e a fazê-los progredir. Será que, nas condições comuns do casamento, essa Lei de Amor é levada em conta? De modo algum, pois o que se observa não é a

afeição de dois seres que se atraem, já que, na maioria das vezes, essa afeição tem fim. O que se procura não é a satisfação do coração, e sim a satisfação do orgulho, da vaidade, da cobiça, enfim, de todos os interesses materiais. Tudo corre bem quando o casamento é proveitoso, conforme esses interesses. Diz-se então que os esposos são igualmente prósperos, e devem viver muito felizes.

Todavia, nem a lei civil nem os compromissos que ela impõe podem substituir a Lei de Amor, se esta lei não preside a união. Acontece então, frequentemente, que *o que se uniu à força se separa por si mesmo* e que o juramento que se pronunciou ao pé do altar torna-se um perjúrio, se foi dito como uma fórmula banal. Daí surgem as uniões infelizes, que acabam por tornar-se criminosas; dupla infelicidade que seria evitada se, entre as condições do casamento, não se esquecesse da única que o confirma perante Deus: a Lei de Amor. Quando Deus disse: "Sereis uma única carne", e quando Jesus disse: "Não separeis o que Deus uniu", isso deve ser entendido como a união segundo a Lei imutável de Deus, e não conforme a lei dos homens, sujeita a modificações.

O LIVRO DOS ESPÍRITOS

697. A indissolubilidade absoluta do casamento está na lei natural ou somente na lei humana?

– É uma lei humana muito contrária à lei natural. Mas os homens podem mudar suas leis; só as da natureza são imutáveis.

698. O celibato voluntário é um estado de perfeição meritório aos olhos de Deus?

– Não, e os que vivem assim por egoísmo desagradam a Deus e enganam todo mundo.

699. Para algumas pessoas, o celibato não é um sacrifício com o propósito de se dedicarem inteiramente ao bem da humanidade?

– Isso é bem diferente; eu disse: por egoísmo. Todo sacrifício pessoal é meritório quando é para o bem; quanto maior é o sacrifício, maior é o mérito.

Deus não pode contradizer-se, nem achar mau o que Ele

fez. Portanto, não pode considerar merecimento a violação de sua lei. Mas se o celibato, por si só, não é um estado meritório, o mesmo não ocorre quando, pela renúncia às alegrias familiares, ele constitui um sacrifício praticado para o bem da humanidade. Todo sacrifício pessoal que vise ao bem, *e sem segundas intenções egoístas,* eleva o homem acima de sua condição material.

VIDA PLENA

"Reconheço a diversidade dos gostos e as diferentes vocações daqueles com quem compartilho a vida?".

PRECE

Senhor, erguei a venda que oculta a gravidade de nossas faltas. Possa o nosso arrependimento encontrar graça diante de vós e também aliviar aqueles a quem fizemos sofrer por intolerância ou por qualquer outro motivo.

Quarta-feira

Capítulo 23
ESTRANHA MORAL

Abandonar pai, mãe e filhos

4. Todo aquele que, por amor ao meu nome, tiver deixado sua casa, seus irmãos, suas irmãs, seu pai, sua mãe, seus filhos, sua mulher, ou suas terras, receberá por isso cem vezes mais, e herdará a vida eterna. (MATEUS, 19:29).

5. Então Pedro disse a Jesus: "Quanto a nós, vês que tudo deixamos, e te seguimos". E Jesus lhe respondeu: "Em verdade, vos digo que ninguém que tenha deixado sua casa, seu pai e sua mãe, ou seus irmãos, sua mulher, ou seus filhos, pelo reino de Deus, deixará de receber, já neste mundo, muito mais, e, no século vindouro, a vida eterna". (LUCAS, 18:28-30).

6. Um outro disse também a Jesus: "Senhor, eu te seguirei, mas permite que antes disponha do que tenho em minha casa". E Jesus lhe respondeu: "Todo aquele que, tendo a mão no arado, olhar para trás, não é digno do reino de Deus". (LUCAS, 9:61 e 62).

Sem discutir as palavras usadas aqui, deve-se procurar o pensamento original que, evidentemente, era este: *Os interesses da vida futura estão acima de todos os interesses e de todas as considerações humanas*, pois isso sim está de acordo com a essência da doutrina de Jesus, ao passo que a hipótese de renúncia à família seria sua negação. Aliás, não vemos diante de nós a aplicação dessas máximas quando se sacrifica os interesses pessoais e as afeições familiares para servir à Pátria? Por acaso, se condena um rapaz por deixar o pai, a mãe, os irmãos, a mulher e os filhos para ir lutar em defesa de seu país? Ao contrário, não é ele considerado digno de elogios por privar-se da tranquilidade do lar, do convívio com os amigos, para cumprir um dever civil? Há, portanto, determinados deveres que se sobrepõem a outros. A lei não diz que uma jovem tem a obrigação de deixar seus pais e seguir o marido? O mundo está repleto de casos em que as mais dolorosas separações são necessárias. Mas nem por isso os laços afetivos se rompem, pois a distância não diminui o respeito e a dedicação que se deve aos pais, nem o carinho que se tem pelos filhos. Vê-se então que, mesmo tomadas ao pé da letra – com exceção da palavra *odiar* –, essas expressões não seriam a negação do mandamento que prescreve honrar pai e mãe, nem do sentimento de ternura paternal, e, com mais razão ainda, se apreendermos sua verdadeira intenção. Na verdade, sua finalidade era mostrar, por meio do exagero de linguagem, o quanto era imprescindível para o homem o dever de preocupar-se com a vida futura. Aliás, para um povo em que os laços familiares tinham menos força do que numa civilização moralmente mais avançada, tais palavras deviam ser bem menos chocantes. Os laços familiares, muito mais frágeis entre os povos primitivos, fortaleceram-se com o desenvolvimento da sensibilidade e do senso moral. A própria separação é necessária ao progresso: ocorre tanto nas famílias como nas raças, que se degeneram se não houver cruzamentos, ou melhor, se não se mesclarem umas com as outras. É uma lei da natureza, tanto em benefício da evolução moral, como da evolução física.

Aqui as coisas são consideradas apenas do ponto de vista terreno. O espiritismo faz com que a vejamos de maneira mais elevada, ao nos mostrar que os verdadeiros laços de afeição são os laços do espírito, e não os do corpo; que esses laços não se rompem com a separação, nem mesmo pela morte do corpo; que se fortalecem na vida espiritual, pela depuração do espírito: verdade consoladora que nos dá uma grande força para suportar as contrariedades da vida. (Veja capítulo 4, número 18; capítulo 14, número 8, de *O Evangelho Segundo o Espiritismo*).

O LIVRO DOS ESPÍRITOS

967. Em que consiste a felicidade dos bons espíritos?

– Em conhecer todas as coisas; em não sentir ódio, ciúme, inveja, ambição, nem qualquer das paixões que fazem a infelicidade humana. O amor que os une é para eles fonte de uma felicidade suprema. Eles não passam pelas necessidades, sofrimentos e angústias da vida material; são felizes pelo bem que fazem. A felicidade dos espíritos, porém, é sempre proporcional à sua elevação. Só os espíritos puros, é verdade, gozam da felicidade suprema, mas todos os outros não são infelizes. Entre os maus e os perfeitos há uma infinidade de graus em que as satisfações são relativas ao estado moral. Os que estão bastante adiantados compreendem a felicidade dos que estão mais adiantados do que eles e aspiram a alcançar uma felicidade igual. Mas para eles isso é um motivo de estímulo, não de ciúme. Sabem que dependem deles para alcançá-la e trabalham para esse fim, mas com a calma da consciência tranquila, e sentem-se felizes por não terem de passar pelo que passam os maus.

VIDA PLENA

"Sei tolerar, entender, abençoar ou ser útil às pessoas do meu ninho doméstico? Posso cumprir esses ideais e compromissos de elevação nas áreas da humanidade?".

PRECE

Senhor, permiti que possamos conciliar nossos compromissos para com os entes familiares com aqueles que nos chamam fora do lar. Que possamos, com serenidade e sabedoria, distiguir e preencher as necessidades de todos aqueles que compartilham conosco a experiência familiar e a experiência em sociedade.

Quinta-feira

Capítulo 24
NÃO COLOQUEIS A CANDEIA DEBAIXO DO ALQUEIRE

Candeia debaixo do alqueire. Por que Jesus fala por parábolas

2. Não há ninguém que, após ter acendido uma candeia, a cubra com um vaso ou a coloque debaixo da cama, mas sim sobre um velador, para que todos que entrem vejam a luz, pois não há nada de secreto que não deva ser revelado, nem nada de oculto que não deva ser esclarecido publicamente. (Lucas, 8:16 e 17).

5. Se, em Sua previdente sabedoria, a Providência só revela as verdades gradualmente, o faz sempre à medida que a humanidade esteja amadurecida para aceitá-las, mantendo-as reservadas, e não escondidas debaixo do alqueire. No entanto, os que a conhecem a fundo, na maioria das vezes as escondem das pessoas comuns, com o intuito único de dominá-las. Estes sim são os que realmente escondem a luz sob o alqueire. Foi desse modo que todas as religiões guardaram os seus mistérios, cuja investigação era proibida. Mas, à medida que essas religiões iam ficando para trás, a ciência e a inteligência avançaram e rasgaram o véu que encobria os seus segredos. O povo, tendo amadurecido intelectualmente, quis desvendar o que lhe era ocultado, e rejeitou então, por convicção própria, tudo o que não admitia análise.

Não existem mistérios absolutos. Por isso, Jesus tem razão quando diz que não há nada secreto que não deva ser conhecido, pois tudo o que está oculto, um dia será descoberto, e o que o homem ainda não consegue compreender na Terra lhe será revelado em mundos mais avançados, quando estiver mais evoluído. Aqui na Terra, ele ainda se encontra imerso numa espécie de escuridão, se assim se pode dizer.

6. Pergunta-se então: "Que proveito o povo podia extrair de uma diversidade de parábolas, cujos sentidos lhe era desconhecido"? É preciso observar que Jesus só se expressou por meio de parábolas nas questões mais abstratas de Sua doutrina. Mas, no que se referia à caridade e à humildade, condições expressas da salvação, tudo o que Ele disse foi perfeitamente claro, não dando margem a quaisquer dúvidas. Tinha que ser assim porque tratava-se de uma regra de conduta, a que todos precisavam compreender, para poder seguir. Portanto, a linguagem alegórica era essencial para a multidão inculta da época, à qual Jesus se limitava a dizer: "Eis o que é preciso fazer para alcançar o reino dos Céus". Contudo, em relação aos outros pontos de Sua doutrina, Jesus expunha Suas idéias somente aos Seus discípulos, que eram mais evoluídos moral e intelectualmente, podendo iniciá-los no conhecimento das verdades mais abstratas. Eis por que Ele disse: "Aos que já têm, ainda mais lhes será dado". (Veja capítulo 18, número 15, de *O Evangelho Segundo o Espiritismo*).

Entretanto, mesmo com os apóstolos, Jesus conservou-Se impreciso quanto a muitos pontos, cuja completa compreensão estava reservada para épocas vindouras. Foram esses pontos que deram margem a interpretações tão diferentes, até que a ciência, de um lado, e o espiritismo, de outro, viessem revelar as novas leis da natureza, que fizeram com que se compreendesse seu verdadeiro sentido.

7. Hoje, o espiritismo vem lançar luz sobre uma série de pontos obscuros. Contudo, ele não o faz precipitadamente. Nas suas instruções, os espíritos agem com uma admirável prudência: só gradual e sucessivamente abordam os diversos pontos já conhecidos da doutrina, e outros tantos serão revelados quando chegar o momento apropriado para fazê-los vir à luz do verdadeiro conhecimento.

Se os espíritos tivessem apresentado a doutrina completa desde o início, ela seria acessível apenas a um pequeno grupo.

Provavelmente teria assustado quem não estivesse preparado, o que acabaria prejudicando sua propagação. Por isso, se ainda não dizem tudo abertamente, não é porque existam na doutrina, de maneira alguma, segredos reservados somente a privilegiados, nem porque os espíritos queiram colocar a candeia sob o alqueire, mas porque cada coisa deve vir no tempo oportuno. Eles dão a cada idéia tempo para amadurecer e propagar-se, antes de apresentar uma outra, e dão *aos acontecimentos tempo para preparar a aceitação dessa outra idéia.*

O LIVRO DOS ESPÍRITOS

801. Por que os espíritos não ensinaram sempre o que hoje ensinam?

– *Não ensinais às crianças o que ensinais aos adultos, e não dais ao recém-nascido um alimento que ele não possa digerir; cada coisa a seu tempo. Eles ensinaram muitas coisas que os homens não compreenderam, ou que deturparam, mas que hoje podem compreender. Com seu ensinamento, mesmo incompleto, eles prepararam o terreno para receber a semente que agora vai frutificar.*

VIDA PLENA

"À noite todos os gatos são pardos? Tenho percebido meus preconceitos?".

PRECE

Senhor, afastai de nós os pensamentos que nos causam aflição em virtude da crença que abraçamos. Lembrai-nos que cultivamos a verdade e por isso somos testados a todo instante em nossa serenidade e perseverança. Dai-nos coragem e resignação para que possamos continuar sendo dignos das revelações e consolos que temos recebido todos os dia através de sua doutrina libertadora.

Sexta-feira

Capítulo 25
BUSCAI E ACHAREIS

Ajuda-te e o Céu te ajudará

1. Pedi e vos será dado. Buscai e achareis. Batei, e a porta se vos abrirá, pois aquele que pede recebe, o que procura encontra, e ao que bate se abre. Qual, dentre vós, dá uma pedra ao filho que lhe pede pão? Ou, pedindo-lhe um peixe, lhe dará uma serpente? Se vós, pois, sendo maus, sabeis dar boas coisas aos vossos filhos, quanto mais vosso Pai, que está nos Céus, dará os verdadeiros bens aos que Lhe pedirem. (Mateus, 7:7-11).

3. Se Deus tivesse liberado o homem do trabalho físico, seus membros seriam atrofiados. Se o tivesse liberado do trabalho intelectual, sua mente teria permanecido infantil, em estado de instinto animal. É por isso que fez do trabalho uma necessidade, e lhe disse: "Busca e acharás; trabalha e produzirás. Dessa forma, serás o produto de tuas obras; terás o mérito, e serás recompensado segundo o que tiveres feito".

4. É em virtude da aplicação desse princípio que os espíritos não tiram do homem a oportunidade do trabalho de pesquisa. Se oferecessem aos homens descobertas e invenções já prontas para serem utilizadas, de maneira que eles precisassem somente pegar o que lhes é posto nas mãos, sem se preocuparem sequer em pensar, o mais preguiçoso poderia enriquecer, e o mais inculto tornar-se sábio, sem qualquer esforço. E, tanto um como o outro, atribuiriam-se os méritos

pelo que não fizeram. Não, os espíritos não isentam o homem da lei do trabalho; ao contrário, mostram-lhe a meta que deve atingir e o caminho que a ela conduz, dizendo-lhe: "Caminha e chegarás. Encontrarás pedras no caminho. Então olha, e afasta-as tu mesmo. Nós te daremos a força necessária, se quiseres empregá-la". (Veja *O Livro dos Médiuns*, capítulo 26, número 291 e seguintes).

5. Do ponto de vista moral, essas palavras de Jesus significam: "Pedi a luz que deve iluminar vosso caminho, e ela vos será dada. Pedi a força para resistir ao mal, e a tereis. Pedi a assistência dos bons espíritos, e eles virão vos acompanhar, e, como o anjo de Tobias,[1] vos servirão de guias. Pedi bons conselhos, e jamais vos serão recusados. Batei à nossa porta, e ela vos será aberta. Mas pedi sinceramente, com fé, fervor e confiança. Apresentai-vos com humildade e não com arrogância. Sem isso, ficareis entregues às vossas próprias forças, e as quedas que sofrerdes serão a punição por vosso orgulho".

Esse é o sentido destas palavras: "Buscai e achareis. Batei, e a porta se vos abrirá".

O LIVRO DOS ESPÍRITOS

675. Por trabalho só se devem entender as ocupações materiais?

– Não. Como o corpo, o espírito também trabalha. Toda ocupação útil é um trabalho.

676. Por que o trabalho é obrigatório para o homem?

– É uma consequência da sua natureza corporal. É uma expiação e, ao mesmo tempo, uma forma de aperfeiçoar sua inteligência. Sem trabalho, o homem permaneceria no estágio inicial de compreensão. Eis por que ele deve seu sustento, sua segurança e seu bem-estar apenas ao seu trabalho e à sua atividade. A quem tem um corpo demasiado frágil, Deus deu inteligência para compensá-lo; mas não deixa de ser um trabalho.

1 Patriarca judeu que viveu antes de Cristo, autor do *Livro de Tobias*, em que este é guiado pelo anjo Rafael, transfigurado em humano. Veja o capítulo 27, número 8, de *O Evangelho Segundo o Espiritismo*, exemplo citando uma passagem que envolve Tobias.

VIDA PLENA

"Que tipo de trabalho tenho realizado na sociedade? Tenho pensado somente em minha sobrevivência?".

PRECE

Senhor, que nunca nos falte a bênção do trabalho, porque sabemos que ele é uma de vossas leis sábias que impulsiona para o Alto todas as vossas criaturas. Que aqueles que ainda não compreendem essa verdade, Senhor, possam sentir a experiência maravilhosa da transformação íntima e buscar no vosso seio as forças para realizá-la.

Sábado

Capítulo 26
DAI DE GRAÇA O QUE DE GRAÇA RECEBESTES

Dom de curar

1. Curai os enfermos, ressuscitai os mortos, curai os leprosos, expulsai os demônios. Dai de graça o que de graça recebestes. (MATEUS, 10:8).

2. "Dai de graça o que de graça recebestes", disse Jesus aos Seus discípulos. Com esse ensinamento, Ele recomenda que não se deve cobrar por algo que nós próprios não pagamos. Ora, o que os discípulos haviam recebido gratuitamente era o dom de curar os doentes e expulsar os demônios, ou seja, os maus espíritos. Esse dom lhes fora concedido por Deus gratuitamente, para alívio dos que sofrem e para ajudar na propagação da fé. Jesus lhes diz, então, que não fizessem dele um negócio, um objeto de especulação, nem um meio de vida.

O LIVRO DOS MÉDIUNS

226. 1. O desenvolvimento da mediunidade corresponde ao desenvolvimento moral do médium?

– Não. A faculdade propriamente dita tem a ver com o organismo; independe do moral. O mesmo, porém, não acontece com seu uso, que pode ser bom, ou não, conforme as qualidades do médium.

226. 2. Sempre disseram que a mediunidade é um dom de Deus, uma graça, uma dádiva. Por que, então, não é privilégio dos homens

de bem, e por que se vêem pessoas indignas que dela são dotadas no mais alto grau e a usam de maneira errada?

– *Todas as faculdades são dádivas pelas quais se deve agradecer a Deus, uma vez que há homens que delas são privados. Poderíeis também perguntar por que Deus dá boa visão a malfeitores, destreza a ladrões, eloquência aos que dela se utilizam para dizer coisas más. O mesmo acontece com a mediunidade: há pessoas indignas que a possuem, porque, mais do que as outras, precisam dela para corrigir-se. Achais que Deus nega meios de salvação aos condenáveis? Ele os multiplica a cada passo; põem-nos nas mãos deles, e cabe-lhes aproveitá-los. Judas, o traidor, não fez milagres e não curou doentes, como apóstolo? Deus permitiu que tivesse esse dom para tornar-lhe mais odiosa a traição.*

O LIVRO DOS ESPÍRITOS

555. Que significado se deve atribuir à palavra feiticeiro?

– *Aqueles a quem chamais feiticeiros são pessoas que, quando de boa-fé, são dotadas de algumas faculdades, como a força magnética e a vidência e que, como fazem coisas que não entendeis, achais que são dotadas de um poder sobrenatural. Vossos sábios já não passaram muitas vezes por feiticeiros aos olhos de pessoas ignorantes?*

O espiritismo e o magnetismo nos dão a chave de uma porção de fenômenos sobre os quais a ignorância tem uma infinidade de lendas em que os fatos são exagerados pela imaginação. A noção clara dessas duas ciências, que a bem dizer formam uma única, ao mostrar a realidade das coisas e sua verdadeira causa, é a melhor prevenção contra idéias supersticiosas, porque mostra o que é possível e o que é impossível, o que está nas leis da natureza e o que não passa de uma crendice ridícula.

VIDA PLENA

"Meu corpo tem sido o templo do meu espírito? Como venho tratando minha saúde?".

PRECE

Ó Eterno, só vós sois grande, só vós sois o fim e o objetivo da minha vida! Vosso nome seja bem-dito, se me feris, porque sois o Senhor e eu o servidor infiel. Curvarei minha fronte sem me lamentar, porque sois grande; só vós sois a meta.

Domingo

Capítulo 27
PEDI E OBTEREIS

Requisitos da prece

1. Quando orardes, não vos assemelheis aos hipócritas que fingem orar de pé nas sinagogas e nas esquinas, só para serem vistos pelos homens. Em verdade, vos digo que eles já receberam sua recompensa. Mas quando quiserdes orar, ide ao vosso quarto e, com a porta fechada, orai a vosso Pai em segredo. E vosso Pai, que vê tudo o que se passa em segredo, vos dará a recompensa. Procurai não falar muito em vossas preces, como fazem os pagãos, que pensam que é pela quantidade de palavras que serão atendidos. Não vos torneis, pois, semelhantes a eles, porque vosso Pai sabe o que vos é necessário, mesmo antes que Lhe peçais. (Mateus, 6:5-8).

2. Quando vos apresentardes parar orar, se tiverdes qualquer coisa contra alguém, perdoai-lhe, a fim de que vosso Pai, que está nos Céus, também perdoe os vossos pecados. Se não lhe perdoardes, vosso Pai, que está nos Céus, também não per-doará os vossos pecados. (Marcos, 11:25 e 26).

3. Jesus também disse esta parábola aos que depositavam confiança em si próprios, como sendo justos, e desprezavam os outros: "Dois homens subiram ao templo para orar. Um era fariseu e o outro, publicano. O fariseu, mantendo-se de pé, orava assim, consigo mesmo: 'Meu Deus, eu vos rendo graças porque não sou como os outros homens, que são ladrões, injustos e adúlteros, nem como

> este publicano. Jejuo duas vezes na semana e dou dízimo de tudo o que possuo'. O publicano, ao contrário, mantendo-se afastado, sequer ousava erguer os olhos para o céu, mas batia no peito dizendo: 'Meu Deus, tende piedade de mim, que sou um pecador'. Então, eu vos declaro que este retornou para casa perdoado, e não o outro, pois todo aquele que se eleva será rebaixado, e todo aquele que se humilha será elevado. (LUCAS, 18:9-14).

4. As qualidades da prece são claramente definidas por Jesus. "Quando orardes", diz ele, "não vos coloqueis em evidência, mas orai secretamente. Eviteis falar muito, pois não é pela quantidade de palavras que sereis atendidos, mas pela sinceridade. Antes de orar, se tiverdes alguma coisa contra alguém, perdoai-lhe, pois a prece não pode ser agradável a Deus quando não parte de um coração purificado de qualquer sentimento contrário à caridade. Orai, enfim, com humildade, como o publicano, e não com orgulho, como o fariseu. Examinai vossos defeitos e não vossas qualidades, e, quando vos compparardes aos outros, procurai o que há de errado em vós". (Veja capítulo 10, números 7 e 8, de *O Evangelho Segundo o Espiritismo*).

O LIVRO DOS ESPÍRITOS

649. Em que consiste a adoração?

– Na elevação do pensamento a Deus. Pela adoração, aproximamos nossa alma d'Ele.

650. A adoração é resultado de um sentimento inato, ou é fruto de um ensinamento?

– É um sentimento inato, como o da existência de Deus. A consciência da sua fragilidade leva o homem a curvar-se diante d'Aquele que pode protegê-lo.

651. Houve povos completamente destituídos do sentimento de adoração?

– Não, porque jamais houve povos ateus. Todos compreendem que acima deles há um ser supremo.

652. Pode-se considerar que a adoração tem sua origem na lei natural?

– Ela está na lei natural, já que é o resultado de um sen-

timento inato no homem. Eis por que a encontramos entre todos os povos, embora sob formas diferentes.

VIDA PLENA

"Tenho compreendido o sofrimento e a humilhação como veículos de aperfeiçoamento espiritual?".

PRECE

Deus Todo-Poderoso, e vós meu anjo guardião, socorrei--me! Se devo sucumbir, que a vontade de Deus seja feita. Se eu for salvo, que o resto da minha vida repare o mal que pude fazer e do qual me arrependo.

Entre os Espaços da Existência

ANNA GURGEL
Formato 14 x 21 cm • 192 p.

Há inúmeras formas de descrever a vida etérea. Poucas, no entanto, são tão interessantes e detalhadas quanto a que nos faz Paulo, homem erudito e vaidoso que durante toda uma vida escondeu o médium sensitivo que poderia ter sido, e que desembarca agora numa dimensão intermediária do plano astral para desapegar-se do ego e cumprir a tarefa de nos relatar o que se esconde por trás do véu das existências, ou melhor, como realmente é *continuar a existir no éter.* "Eu me vi duplicar, e a sensação foi estranha. Tanto aquele eu que permanecia deitado na cama de hospital, quanto aquele eu que estava de pé, no meio do quarto, sentiam a mesma perplexidade absurda. Um sentia que se apagava; o outro percebia que ganhava forças. E eu tentava dizer: Calma gente, estou aqui! Não sinto nada", conta-nos Paulo sobre a percepção da dualidade no exato momento do desencarne, em que desperta para a imortalidade com sucessivas surpresas. A mais curiosa delas é a "volta no tempo", num tempo sem referencial no nosso plano, que ele nos revela com riqueza de detalhes. É assim que é deslocado para uma existência anterior em que, morto num campo de batalha, fora socorrido antes por um soldado inimigo – seu próprio pai –, e descobre então que antigas tramas e velhos ressentimentos precisam ser revividos, para que finalmente compreenda e avalie conflitos ocorridos entre personagens da vida que acaba de deixar.

Surpeendentes são as narrativas do instrutor encarnado que vai dar aulas a Paulo e seus companheiros de colônia espiritual. Isso mesmo, um encarnado! Um monge tibetano que se desliga do corpo para levar a espíritos do plano astral sua profunda sabedoria. E ainda há o emocionante momento do retorno de Paulo ao antigo lar terreno, com os detalhes de como esse procedimento acontece; a primeira mensagem psicografada e os aspectos curiosos do contato com sua médium escrevente; e as sutilezas da comunicação mental e o fortalecimento de ambas as partes – encarnado e desencarnado –, após cada contato. Acompanhar as surpresas, reflexões, vivências e transformações deste viajante que retorna ao mundo espiritual é acrescentar valiosas informações ao roteiro da futura e inevitável viagem que todos nós, indistintamente, teremos de realizar um dia.

A Crise da Morte

ERNESTO BOZZANO

Formato 14 x 21 cm • 256 p.

O que se sente no momento do desencarne? Como é o primeiro contato com a nova dimensão? Com quem realmente vamos encontrar? Qual será a nossa nova forma de vida no Além? Mesmo aqueles que detêm o conhecimento das verdades espirituais tremem diante da possibilidade do desenlace, momento em que a vida terrena de fato se finda. O simples "pensar nessa possibilidade" os nivela às criaturas materialistas que nenhum conhecimento possuem sobre o "outro lado da vida". E, embora as religiões, as filosofias e as tradições tenham procurado pesquisar, ao longo dos tempos, acerca desse "lugar inexplorado de onde nenhum viajante jamais retornou", a morte sempre manteve o seu semblante oculto.

No entanto, nesta obra de indiscutível valor, o grande cientista espírita Ernesto Bozzano reúne todas as revelações transcendentais que, do Além, nos apresentam uma panorâmica da verdadeira face da morte. E, pelos detalhes revelados por aqueles que a conheceram, ela não parece ser tão terrível como supomos quando estamos presos à carne. Ao contrário, os desencarnados nos mostram um mundo de eterna juventude, onde espíritos felizes vivem em uma nova e real dimensão.

Abundantes informações obtidas mediunicamente a respeito do ambiente e da existência espirituais levaram o renomado autor a publicar este trabalho, certo de seu grande valor científico, moral e social. Portanto, tudo o que o leitor espírita gostaria de ver esclarecido sobre a vida no momento da morte foi reunido aqui com maestria.

Buscai o Reino do Céu

IRMÃ TEREZA DE JESUS /
EDUARDO AUGUSTO LOURENÇO
Formato 14 x 21 cm • 208 p.

Buscai o Reino do Céu é uma expressão simbólica de profundo valor moral. Ao disseminá-la em suas peregrinações, Jesus pretendia incitar o homem a dar início à reforma íntima, auxiliando-o a desfazer-se pouco a pouco do orgulho, do egoísmo e do apego à matéria para construir a verdadeira felicidade, que está ligada aos tesouros do coração. Mas os seres humanos estavam demasiadamente presos às questões exteriores para entender o significado evangélico desta máxima, acabando por exteriorizar a "busca desse reino" somente nas coisas materiais. Hoje, pelos menos já conseguimos perceber que as emoções são responsáveis pelo dinamismo de nossa vida, gerando a vibração e frequência dos pensamentos que plasmam em nossa atmosfera psíquica um verdadeiro mundo mental à parte. Este é, portanto, o "reino" que reservamos para nós depois do desenlace. Assim, nossa futura morada pode tornar-se um paraíso ou um vale de lágrimas e sofrimentos, a depender do somatório de sentimentos emanados no percurso de nossa existência física.

Irmã Tereza de Jesus conheceu os impulsos da alma sonhadora, sedenta por liberdade e amadurecimento, e nos conduz à reflexão dessa transformação moral, começando por atuar no campo dos sentimentos, com a finalidade de nos incentivar ao auto-conhecimento e consequentemente à auto-iluminação. Ela aborda temas evangélicos vividos e ensinados por Jesus, trazidos aos dias atuais com muita simplicidade, a exemplo da importância da alegria e da educação, da coragem que anima, a chaga da desistência, a doce piedade, a falsa aparência, a fé nos amuletos, a força da humildade, a inércia da preguiça, a inveja que mata, o arrependimento que cura e o corpo como reflexo do espírito. Sua pedagogia amorosa nos convida a uma meditação profunda sobre nossa conduta pessoal ao passar por este planeta e a responsabilidade assumida com aqueles que fazem parte de nossas experiências pessoais.

Esta coletânea de verdadeiras lições de vida poderá abrir as portas da felicidade que tanto buscamos, que não está em nada que é efêmero, conforme Jesus quis nos ensinar.

O Lado de Lá é Aqui Mesmo

ANNA GURGEL

Formato 14 x 21 cm • 248 p.

A morte é uma ilusão: não há distância separando quem fica de quem vai. Este livro é uma demonstração disso. Diferente da maioria dos relatos psicografados, ao invés de sérios devedores da Lei Cósmica, aqui nos deparamos com alguém que desencarna, após longa porém tranquila preparação para a grande viagem.

Depois do porto de chegada, muitas surpresas. Dulce, a viajante, descobre que laços de família não são garantia de reencontro imediato, se diferenças e relações mal-resolvidas eram encobertas na vida material, por conveniências formais. Revisões terão de ser feitas. E percebe ainda que nos planos mais próximos à crosta almas saudosas de antigos gostos podem até "ir ao cabeleireiro". As preocupações com os que ficaram "do lado de cá" permanecem, mas há descobertas e aprendizados fascinantes.

Dulce poderia ser qualquer um de nós, e por isso sua chegada ao Além, suas constatações, perplexidades e limitações são matéria com que o leitor facilmente se identificará, à medida que ela vai relatando à própria filha, uma sensitiva encarnada, suas inusitadas experiências no mundo espiritual.

O leitor acompanhará também suas descobertas sobre o fantástico poder criador da mente liberta da matéria, as atividades de cura e de arte desenvolvidas no Além, e os delicados meandros dos relacionamentos aquém e além-túmulo. A transição e o estilo de vida assumido no "lado de lá" por outro familiar dela são um contraponto elucidativo sobre as diversas "formas de morrer" e de continuar existindo na vida imortal.

Tudo isso constitui um manual prático de "como passar suavemente para o outro lado do espelho".

A Força da Vida

ANNA GURGEL

Formato 14 x 21 cm • 272 p.

As reflexões feitas em *A Força da Vida* de Anna Gurgel nos levam a questões pertinentes num mundo cibernético onde o material, o tecnológico e o espiritual tendem a ocupar um só espaço no pensamento dos homens.

Anna Gurgel reúne ensinamentos de seres espirituais sobre a pergunta que, apesar de todo o avanço da tecnologia e da ciência, continua um mistério: — Há provas da finitude da consciência após a passagem para o mundo espiritual?

O raciocínio do leitor se defrontará com esta e as muitas outras questões que incentivam a curiosidade e o confronto com a transcendência.

Através do interesse despertado por *A Força da Vida*, o conceito da existência, em qualquer estágio, plano, dimensão ou sistema acaba por levar à conclusão irrefutável de que onde a Luz de Deus está presente, em sua forma ordenada, está presente a consciência cósmica infinita que cabe a cada um de nós decifrar.

O livro traz algo novo, algum frescor espiritual para o enfrentamento de um final de tempo exaurido pelo desrespeito e destruição de raças, nações e seres naturais que fazem parte da biodiversidade colocada no mundo para criar os belos contrastes e equilibrar a Natureza.

A Força da Vida nos convida ao exercício de libertação dos limites da materialidade, pois nos revela que a consciência deste mundo traz a possibilidade de intercâmbio constante com outros planos de existência através da mente, sem que haja a cisão da morte e, sim, o regresso à casa interior onde descobriremos que a Vida é muito mais do que uma simples passagem pelo planeta Terra.

O EVANGELHO DO DIA - VOL 2
foi confeccionado em impressão digital, em fevereiro de 2024
Conhecimento Editorial Ltda
(19) 3451-5440 — conhecimento@edconhecimento.com.br
Impresso em Luxcream 80g – StoraEnso